Turg'unboyeva (Inomjonova Dilshoda)
Azamjon Qizi

Migratsion tadqiqotlar
(Migration studies)

© Turgunboyeva Dilshoda
Migratsion tadqiqotlar
By: Turgunboyeva Dilshoda
Edition: July '2024
Publisher:
Taemeer Publications LLC (Michigan, USA / Hyderabad, India)

ISBN 978-93-5872-781-4

© **Turgunboyeva Dilshoda**

Book	:	Migratsion tadqiqotlar (Migration studies)
Author	:	Turgunboyeva Dilshoda
Publisher	:	Taemeer Publications
Year	:	'2024
Pages	:	74
Title Design	:	*Taemeer Web Design*

MUNDARIJA

KIRISH **4**

I-BOB. Migratsiyani o'rganishning nazariy masalalari **10**

    I.1-§. Migratsiya nazariyasi 10

    I.2-§. Migratsiya jarayonlarini fanlararo o'rganishning huquqiy jihatlari 17

    I.3-§. Migratsiyaning iqtisodiyotga ta'siri 32

II – BOB. Ijtimoiy fanlarda migratsiya **41**

    II.1-§. Migratsiya siyosati. Migratsiya jarayonlarini boshqarish 41

    II.2-§. Migratsiyaning demografik jarayonlardagi roli 53

    II.3-§. Migratsiyani o'rganishga sotsiologik yondashuvlar 57

III - BOB.

    HULOSA ....

    FOYDALANILGAN ADABIYOTLAR RO'YHATI ....

Muqaddima

Migratsiya muammosi dunyodagi eng dolzarb masalalardan biridir. Migratsiya bilan tanish bo'lmagan odam yo'q deb aytish mumkin bo'lsa-da, shunga qaramay, siyosatchilar uni boshqarishning murakkabligini tan olishadi va mahalliy va g'arb olimlari uning mohiyatini tushunishda na birdamlik, na umumiy yondashuvlar mavjudligini ta'kidlashadi. uning o'qishi.

Butun dunyo singari postsovet mamlakatlari ham migratsiyani o'rganishdan chetda qolmaydi. Mamlakat etmish yildan ortiq vaqt davomida global migratsiya jarayonlaridan chetda qolib ketganiga qaramay, asosiy omillari urbanizatsiya va mintaqaviy rivojlanishning differentsiatsiyasi bo'lgan ichki migratsiya keng tarqaldi va aholi harakatchanligini o'rganishni rag'batlantirdi, ilmiy tadqiqotlarning shakllanishiga hissa qo'shdi. hududlar va maktablar.

SSSR parchalanib, davlatlari erkin harakatlanish tizimiga kiritilganidan so'ng, bu mamlakatlar migratsiya va migrantlarning yangi turlari, xususan, etnik migrantlar, repatriantlar, majburiy migrantlar va qochqinlar, ekologik va noqonuniy muhojirlar bilan to'qnash keldi. migrantlar. Ularning tadqiqotlari yangi nazariy yondashuvlar va tadqiqot usullarini ishlab chiqishni talab qildi. Natijada migratsiya masalalariga qiziqish ortdi. Bu jarayonda turli bilim sohalari olimlari faol ishtirok etmoqda. Sobiq sovet makonining barcha mamlakatlarida migratsiya tadqiqotlari jadal rivojlanmoqda. Sovet Ittifoqi parchalanganidan keyingi yillarda migratsiyani o'rganishda juda ko'p ishlar qilindi. Bir qator ilmiy maktablar shakllandi, keng ko'lamli muammolar bo'yicha tadqiqotlar faol olib borilmoqda, ko'plab asarlar nashr etildi. SSSR parchalanganidan keyingi dastlabki 8 yil ichida ikki mingdan ortiq nashrlar nashr etildi [1] va bu mavzuga qiziqish kamaymayapti.

Barcha mamlakatlarda migratsiya jarayonlarida ishtirok etayotgan aholining ulushi ortib bormoqda, ularni boshqarish davlatning mutlaq vakolati bo'lib qolmaydi. Bu jarayonga unga ta'sir ko'rsatishga qodir bo'lgan yangi o'yinchilar - ish beruvchilar,

---

[1] O'zgaruvchan jamiyatdagi migratsiya. MDH mamlakatlarida nashr etilgan adabiyotlarning izohli bibliografik ko'rsatkichi 1992-1999, M., 2000 y.

kasaba uyushmalari, rekruting agentliklari, sayyohlik va sayyohlik xizmatlarini ko'rsatuvchi boshqa kompaniyalar jalb qilinmoqda.

Biroq, migratsiya jarayonlarini to'g'ri tushunadigan, migrantlar bilan ishlashning o'ziga xos xususiyatlarini tushunadigan va migratsiya siyosatini shakllantira oladigan malakali mutaxassislarning etishmasligi katta. Shu bois, bu sohada faoliyat yuritayotgan mutaxassislarni, eng avvalo, oliy o'quv yurtlari o'qituvchilarini ham yangi tayyorlash, ham ularning malakasini oshirish zarur. Buning uchun nafaqat ilmiy nashrlar, balki migratsiya masalalariga oid o'quv materiallari ham talaba-yoshlar ham, o'qituvchilar ham foydalanishi mumkin.

MDH mamlakatlarida bunday materiallarning keskin tanqisligi mavjud. Mutaxassisligi migratsiya menejmenti bo'yicha faqat bitta bo'lim mavjud - Moskva davlat menejment universitetida. Universitetlardagi migratsiya muammolari odatda demografiya, siyosatshunoslik, huquqshunoslik, antropologiya, iqtisodiy geografiya kurslarida ko'pi bilan 2-3 ta ma'ruza o'qiladi. Har bir fan migratsiya masalalarini yoritishda o'ziga xos yondashuvlardan foydalanadi, shuning uchun talabalar ko'pincha individual masalalarni qamrab oluvchi parchalangan rasmga ega. Masalan, advokatlar ko'pincha ijtimoiy-psixologik jihatlarni hisobga olmasdan, qonun hujjatlarini qo'llash asosida huquqiy jihatlarni ko'rib chiqadilar; iqtisodchilar iqtisodiy samarani hisoblashadi, xulq-atvor jihatlarini e'tiborsiz qoldiradilar va hokazo.

Jahon amaliyotida migratsiya masalalarini o'qitish ham odatda u yoki bu fanga (iqtisodiyot, demografiya, siyosatshunoslik, sotsiologiya, tarix, ijtimoiy geografiya, huquq, antropologiya) kiritilgan va ko'p hollarda o'quv rejasida maxsus fan sifatida yo'q. Biroq, MDH mintaqasiga nisbatan yangi migratsiya jarayonlarining jadal rivojlanishi va ularning murakkabligi muammoning ko'p qirrali mohiyatini va paydo bo'lgan muammolarni hal qilish yondashuvlarini ifodalovchi, shu asosda o'z kurslarini yaratishi mumkin bo'lgan tegishli mutaxassislarni tayyorlashni talab qiladi. migratsiya mavzulari, ular bilan bog'liq muammolarning butun majmuasini qamrab oladi va o'z navbatida, migratsiya jarayonlarini tahlil qilish va tartibga solish bo'yicha mutaxassislarni tayyorlaydi.

Mutaxassislarga bo'lgan ehtiyoj juda dolzarb. Shu maqsadda Migratsiya tadqiqotlari markazi (Moskva) va Markaziy Yevropa universiteti (Budapesht) Ochiq jamiyat instituti HESP OSI (Vengriya) oliy ta'limni qo'llab-quvvatlash dasturi ko'magida "O'rta maktab-seminar" mavzusida uch yillik maktab-seminar o'tkazdi. Mavzu: "Migratsiya fanlari - migratsiya jarayonlarini tartibga solish nazariyasi, usullari, amaliyoti" Dastur rejissyorlari *t.f.n.I.N.Molodikova* . geogr. Fanlar (Markaziy Yevropa universiteti) va *Katrovskiy A.P.,* Dr. geogr. Fanlar (Smolensk gumanitar universiteti).

Dasturdan ko'zlangan maqsad uch yil davomida olingan bilimlar asosida (yozgi sessiyalar, sessiyalararo yig'ilishlar, mustaqil ishlar) asosida migratsiya bo'yicha original kurslarni ishlab chiqadigan va o'z institutlari va universitetlarida taqdim etadigan mutaxassis o'qituvchilarni tayyorlashdan iborat edi. O'qitish uchun ham mahalliy, ham G'arb olimlari, xalqaro tashkilotlar va boshqaruv tuzilmalari mutaxassislari jalb qilingan. Dastur migratsiyani o'rganishga fanlararo yondashuvga e'tibor qaratdi.

Dastur ko'plab tashkilotlar tomonidan qo'llab-quvvatlandi, biz ularga samimiy minnatdorchiligimizni bildiramiz: Smolensk gumanitar universiteti, Rossiyadagi Qochqinlar bo'yicha Oliy komissar boshqarmasining mintaqaviy vakolatxonasi (UNHCR), Moskvadagi YuNESKO vakolatxonasi, Fondning Rossiya bo'limi. Fridrix Naumann, Xalqaro Migratsiya Tashkilotining (MOM) Moskva byurosi, Xalqaro Mehnat Tashkilotining (XMT) Sharqiy Yevropa va Markaziy Osiyo bo'yicha byurosi, Rossiya Qizil Xoch jamiyati, Amerika Advokatlar Assotsiatsiyasining Moskvadagi vakolatxonasi, Migratsiya bo'limi Kengashi Yevropa, Inson huquqlari xalqaro assambleyasi (Moskva), "Dialog" xalqaro assotsiatsiyasi (Vengriya), Moskva davlat boshqaruv universitetining migratsiya jarayonlarini boshqarish kafedrasi (Moskva). Ushbu tashkilotlar yozgi sessiyalar va seminarlarni o'tkazishda ekspertlar, o'qituvchilar, maslahatchilar, shuningdek, ularning jihozlari va o'quv xonalari bilan ta'minlash, donor sifatida qatnashish va hokazolar orqali yordam berdi.

Professor-o'qituvchilar va yosh ishtirokchilar o'rtasidagi uzoq muddatli hamkorlik va o'qishning barcha yillaridagi hamkorlik migratsiya haqidagi bilimlarni tarqatishga yordam berdi. Maktabning eng muhim natijasi shundan iboratki, Rossiya va boshqa MDH davlatlarining 20 ta oliy o'quv yurtlarida migratsiya masalalarining ayrim jihatlarini qamrab oluvchi o'quv kurslari joriy etilgan. Etakchi mutaxassislar va talabalar o'rtasidagi hamkorlikka interfaol yondashuvlar nafaqat professional ekspertlar tarmog'ini yaratish, balki maktab o'quvchilarini xalqaro ilmiy aloqalar orbitasiga jalb qilish imkonini berdi.

Afsuski, migratsiyani o'rganishga barcha ilmiy yondashuvlar to'plamda yoritilmagan. Antropologiyaga oid asarlar yo'q; tarixiy yondashuv juda bilvosita ko'rsatilgan; psixologlar, ekologlar yoki konflikt ekspertlarining asarlari mavjud emas. Ushbu kitob fanlararo migratsiya muammolarining butun majmuasini qamrab olishga da'vo qilmasa-da, shunga qaramay, vakillari ko'pincha uni o'rganishda ishtirok etadigan fanlar tomonidan migratsiyani o'rganishga asosiy yondashuvlar haqida tasavvur beradi.

O'ylaymizki, ushbu qo'llanma oliy ta'lim muassasalari o'qituvchilari, aspirantlar va tadqiqotchilar uchun foydali bo'ladi. Umid qilamizki, bu ko'p jihatdan dunyoning kelajakdagi manzarasini va rivojlanishini belgilab beruvchi jarayon sifatida migratsiyaga bo'lgan qiziqishni oshirishga yordam beradi.

Prezident Shavkat Mirziyoyevga migratsiyani tartibga solish va mehnat migrantlarini qoʻllab-quvvatlashga qaratilgan takliflar taqdimot qilindi.

Prezident Shavkat Mirziyoyevga migratsiyani tartibga solish va mehnat migrantlarini qoʻllab-quvvatlashga qaratilgan takliflar taqdimot qilindi. Butun dunyoda ishchi kuchi koʻchib yurishi tabiiy jarayon. Mamlakatimizda bunday fuqarolarni chet elga tartibli va xavfsiz joʻnatish boʻyicha muayyan ishlar qilinmoqda. Oxirgi ikki yilda Tashqi mehnat migratsiyasi agentligi tomonidan 70 ming kishi rivojlangan davlatlarga yuborilgan. Lekin ayrim odamlar malaka talab qilmaydigan oʻlkalarga oʻzlari ham mustaqil ravishda ketayapti. Ularning mehnat va yashash sharoitlari, kasbi, daromadi turlicha. Davlatimiz rahbari sohada fuqarolarga qulayliklar yaratish, mehnat migratsiyasidan qaytgan shaxslarning bandligini ta'minlash vazifalarini qoʻygan edi. Shu bois mehnat migratsiyasi tizimini takomillashtirish boʻyicha takliflar ishlab chiqildi. Unga koʻra, Bandlik vazirligi huzuridagi Tashqi mehnat migratsiyasi agentligi davlat muassasasi shaklida boshqaruv organiga aylanadi. Agentlik direktori bir vaqtning oʻzida Bandlik vaziri oʻrinbosari boʻladi. U mehnat migrantlarini qoʻllab-quvvatlash jamgʻarmasini ham boshqaradi. Buyuk Britaniya, Germaniya, Polsha, Vengriya, Yaponiyadagi elchixona va konsulliklarda mehnat migratsiyasi boʻyicha attashe, Saudiya Arabistonida agentlik vakili lavozimi joriy qilinadi. Xorijdagi fuqarolarimiz masalalarini tezkorlik bilan hal qilish uchun elchixonalar va tegishli vazirliklarda 24 soat ishlaydigan "koll-markazlar" tashkil etiladi.

"Xorijga ish – mahalladan" tamoyili yoʻlga qoʻyiladi. Bunda, hokim yordamchisi, yoshlar yetakchisi xorijda ishlash istagida boʻlgan fuqaroni aniqlab, "Onlayn mahalla" platformasiga kiritadi. Nomzodlar xorijdagi ish beruvchilar tanlovlariga jalb qilinadi. Kasbiy malakasi yoʻq va tilni bilmaydigan fuqarolarni kasbga oʻqitish va profta'lim muassasalarida maqsadli tayyorlash yoʻlga qoʻyiladi. Buning uchun Tashqi mehnat migratsiyasi agentligi huzurida fuqarolarni xorijiy tillarga o'rgatish va ishlashga maqsadli tayyorlash markazi ochiladi. Xorijda ishlash istagida bo'lganlar muayyan xarajatlarga ham duch keladi. Shu bois endi migrantlarning ishchi viza, yo'l chiptasi, xorijiy til va kasb bo'yicha malakani baholatish xarajatlari qisman qoplanadi. Chet tili bo'yicha xalqaro yoki unga tenglashtirilgan sertifikat olgan fuqaroga til o'rganish uchun sarflagan xarajatining 50 foizi qoplab beriladi. Mehnat migratsiyasidan qaytgan fuqarolarning bandligiga ko'maklashish ham muhim masala. Shu bois, Sayxunobod tajribasi asosida ularga tomorqada mahsulot yetishtirib, daromad olishi uchun moliyaviy ko'mak beriladi hamda boshqa turdagi bandlik xizmatlari ko'rsatiladi. "Kichik biznesni uzluksiz qo'llab-quvvatlash" kompleks dasturiga muvofiq imtiyozli kreditlar ajratiladi. Tibbiy muassasalar migratsiyadan qaytgan shaxslar va ularning oila a'zolarini bepul tibbiy ko'rikdan o'tkazadi. "Inson" markazlari tomonidan ota-onasi xorijda mehnat qilayotgan bolalarga ijtimoiy yordam ko'rsatiladi. Mehnat migratsiyasidan qaytganlarni ishga olgan korxonaga har bir xodim uchun bir yil davomida Bandlikka ko'maklashish jamg'armasidan oyiga 500 ming so'm subsidiya beriladi. Ushbu tadbirlarga bu yil uchun barcha manbadan 100 milliard so'm ajratiladi. Davlatimiz rahbari bu tizimni samarali yo'lga qo'yib, fuqarolarga sifatli xizmat ko'rsatish, bandlikni oshirish bo'yicha ko'rsatmalar berdi.

MIGRATION NAZARIYASI

1. Fanlararo muloqot

Ijtimoiy fanlarning xalqaro migratsiyaga bo'lgan qiziqishi emigratsiya va immigratsiya to'lqinlari bilan o'zgarib turadi. Hozirda Qo'shma Shtatlar immigratsiyaning to'rtinchi yirik to'lqinini boshdan kechirmoqda. Ming yillikning oxiriga kelib, immigrantlar soni tarixiy eng yuqori ko'rsatkichga - 26,3 millionga yetdi, bu mamlakat aholisining 9,8 foizini tashkil qiladi. Qo'shma Shtatlarda 18 yoshgacha bo'lgan deyarli 14 million bola yashaydi va bu bolalar AQShda tug'ilgan muhojirlar yoki immigrantlarning farzandlaridir. G'arbiy Yevropa ham xuddi shunday xorijlik oqimini boshdan kechirmoqda. Ayrim mamlakatlarda bu jarayon XX asrning 40-yillarida boshlangan. 90-yillarga kelib xorijliklar Germaniya aholisining 8,2 foizini, Fransiya aholisining 6,4 foizini, Shveytsariya aholisining 16,3 foizini, Shvetsiya aholisining 5,6 foizini tashkil qilgan. 1967 yilda Kanadaga malaka va oilani birlashtirishga asoslangan qabul qilish tizimining tashkil etilishi nafaqat immigrantlar sonining ko'payishiga, balki immigrantlarning kelib chiqish geografiyasining kengayishiga ham olib keldi. Xuddi shu narsa immigratsiya natijasida Ikkinchi jahon urushidan keyin aholisi 40% ga oshgan Avstraliyaga ham tegishli. 1960-yillarda kelib chiqishi yevropalik bo'lmagan ko'chmanchilarning kelishini taqiqlovchi "Oq Avstraliya" siyosatidan voz kechilgandan so'ng, Avstraliya ko'p madaniyatli mamlakatga aylandi. [2]Har doim immigratsiyani cheklash siyosatini olib borgan Yaponiya ham 1980-yillarda chet ellik ishchilarni qabul qila boshlagan. Nihoyat, rivojlanayotgan dunyoda kuzatilgan odamlarning katta harakati (masalan, afrikalik qochqinlar yoki Osiyo va Yaqin Sharqdagi "mehmon ishchilar" harakati) ba'zi tahlilchilarni global migratsiya inqirozi haqida gapirishga majbur qiladi. Migratsiya inqirozi qayerda va umuman sodir bo'lyaptimi, degan savol ochiq qolmoqda.

---

[2]Smolich. JJ 1997. "Avstraliya: Migrant mamlakatdan ko'p madaniyatli millatga", *Xalqaro migratsiya sharhi* 31: 171-86.

Yigirmanchi asrning ikkinchi yarmi migratsiya davriga aylandi. Barcha ijtimoiy fanlar vakillari ushbu noodatiy murakkab hodisani o'rganishga e'tibor qaratdilar. Va shunga qaramay, turli fanlar bilan shug'ullanadigan tadqiqotchilarning katta qiziqishiga qaramay, turli xil ilmiy fanlar vakillari ishtirok etadigan uchrashuvlar, Silvia Pedraza to'g'ri ta'kidlaganidek, [3]ko'p darajada, go'yo "odam ziyofatga keladi va . .. bayramda yana kimlar ishtirok etayotganini bilib hayron bo'ladi. Ko'rinishidan, biz kamdan-kam hollarda muammolarni fanlararo muhokama qilish bilan shug'ullanamiz. Duglas Massi va uning hamkasblari muammoni juda aniq va ixcham shakllantirdilar: "Ijtimoiy olimlar migratsiyani o'rganishga umumiy paradigma pozitsiyasidan emas, balki fanlar, mintaqalar va mafkuralar bo'yicha bo'lingan, turli va raqobatdosh nazariy qarashlar pozitsiyasidan yondashadilar. . Natijada, migratsiya tadqiqotlari tor, ko'pincha samarasiz bo'lib qoladi va takrorlanish, bo'sh, noto'g'ri muloqot va fundamental masalalar bo'yicha tortishuvlar bilan tavsiflanadi. Tadqiqotchilar umumiy nazariyalar, tushunchalar, vositalar va mezonlarni qabul qilgandagina bilim to'plash boshlanadi". Jan va Leo Lukassenning ta'kidlashicha, fanlararo eng chuqur tafovut bir tomondan tarixchilar va boshqa tomondan ijtimoiy olimlar o'rtasida. Immigratsiya siyosati yoki bozor kuchlariga e'tibor qaratadigan, muammolarga "makro" yondoshadigan va muammolarga pastdan yuqoriga qaraydigan va muammolarga alohida e'tibor qaratadigan ijtimoiy olimlarni deyarli bir xil chuqurlikdagi jarlik ajratib turadi. individual migrantlar yoki muayyan immigrant oilalarning haqiqiy tajribalari.

Bu kitob [4]bo'ylab ko'prik qurishga urinishdir

bu tubsizliklar, xususan, xalqaro migratsiya nazariyasi nuqtai nazaridan. Maqsadimiz tarix fani, huquq va ijtimoiy fanlarda migratsiyaga oid asarlarni yaratish va migratsiya nazariyasini yaratishning gnoseologik, paradigmatik va tushuntirish jihatlari haqida dialog, fanlararo munozaradir. Agar bu kitob munozarani Qal'alar

---

[3]Pedraza, Silviya. 1990. "Immigratsiya tadqiqotlari: kontseptual xarita", *ijtimoiy fanlar tarixi* 14: 43-67. R. 44

[4]Muallif butun kitob haqida gapiradi Migratsiya nazariyasi: fanlar bo'ylab suhbat/ed. Karolin B. Brettell va Jeyms F. Xollifild (2000), uning bobi bizning to'plamimizda taqdim etilgan (muharrirning eslatmasi).

tomonidan ko'rsatilgan yo'nalishga o'zgartirishga hissa qo'shsa, ya'ni. "migratsiyani mustaqil va to'laqonli ijtimoiy fan sifatida o'rganish, ... nazariyasi va metodologiyasi fanlararo xususiyatga ega" bo'lsa, o'z oldimizga qo'ygan maqsad amalga oshadi.

2. Muammoning bayoni

Ijtimoiy fanlar talabalariga har qanday so'rov, qaysi mavzu bo'lishidan qat'i nazar, topishmoq yoki savol bilan boshlanishi kerakligi o'rgatiladi. Albatta, savolning tuzilishi yoki qo'yilishi intizomga qarab farq qiladi. Gipotezalarni qurish ham ma'lum bir ilmiy fanning mulohazalari bilan belgilanadi. Intizom doirasida bir xil ma'lumotlarning ma'nosi va talqini haqida qizg'in kelishmovchilik va munozaralar mavjud. Ba'zan muammoning tabiati yoki hatto tadqiqot metodologiyasi haqida fanlararo kelishuv haqida gapirish mumkin. Biroq, muammoni tushuntirish bo'yicha kelishuv kamroq. Va bir vaqtning o'zida bir nechta fanlarning tushunchalari va kashfiyotlariga tayanadigan haqiqatan ham fanlararo farazlar kamroq tarqalgan. Har bir fanning o'ziga xos savollar, farazlar va o'zgaruvchilar ro'yxati mavjud bo'lib, ular ushbu fan uchun maqbul bo'lgan yoki u ma'qullaydi.

Hozirda gumanitar va ijtimoiy fanlar o'rtasidagi tafovutdan ustun turishga harakat qilayotgan tarixchilar uchun o'rganilishi kerak bo'lgan asosiy savollar aniq joylar va davrlar bilan bog'liq. Diner o'z maqolasida ta'kidlaganidek, migratsiyani o'rganuvchi tarixchilar nazariya va gipotezalarni tekshirishdan qochishadi, garchi tarixchilar qo'yadigan savollar boshqa ijtimoiy olimlar o'rganadigan savollarga o'xshash bo'lsa ham. Ularning ikkalasi ham savol berishadi: aholi harakati va uning oqibatlarini belgilaydigan sabablar nima? Aniqrog'i, ular shunday savollarni berishadi: migratsiyada aynan kim ishtirok etadi, harakat qachon boshlanadi va nima uchun odamlar ko'chib ketishni boshlaydilar? Nega ba'zi odamlar o'z joyida qolishadi? Muhojirlar qanday qilib yangi joyga chiqib ketish, migratsiya va joylashishni boshdan kechirishadi? Bu savollar odatda va odatda ma'lum guruhlarga (hatto alohida shaxslarga) nisbatan qo'yiladi, ularning tajribalarini boshqa guruhlarning tajribasi bilan solishtirmaydi, chunki Diner ta'kidlaganidek, bunday solishtirishga urinish katta lingvistik bilimlarni talab qiladi. Tarixda (intizom sifatida) migratsiya jarayonlarini tahlil qilishda turli guruhlarning qanday joylashishi, ular o'z jamoalarini va o'ziga xosliklarini qanday qurishlari haqidagi hikoyalar ustunlik qiladi. Tuzilmalar va omillar masalasiga murojaat qilganda, tarixchilar jarayonning agentlari sifatida alohida migrantlarga e'tibor qaratishadi. Shu bilan birga, tarixchilar ijtimoiy tuzilmalar individual xatti-harakatlarga qanday ta'sir qilishini va cheklashini tushuntirish bilan kamroq shug'ullanadilar.

Antropologlar o'zlarining etnografik tadqiqotlari kontekstiga e'tibor berishadi. Antropologlarning ko'p nazariyalari aniqdir. Ammo oxir-oqibat ular turli hududlar va turli davrlarni qamrab oluvchi umumlashmalarni amalga oshirish imkonini beruvchi madaniyatlararo taqqoslashlar bilan shug'ullanishga intilishadi. Binobarin, antropologlar nazariyaning umumiy qonuniyatlari va qonuniyatlarini o'rnatishga qaratilgan universal qurilishga qaratilgan. Antropologiya taqdim etgan etnografik bilimlar "empirik bilimlardan tashqariga chiqadi" (Hestrup) va inson holatini yaxshiroq tushunishga yordam beradi. Antropologlarni nafaqat kim, qachon va nima uchun migratsiya qilish haqidagi savollar qiziqtiradi. Antropologlar etnografiyadan foydalanib, immigratsiya nimani anglatishini tushunishga, immigratsiyaning muhojirlarning o'zlari uchun qanday ma'nosini, mohiyatini, bir muhitni tark etish va boshqa muhitga kirish natijasida yuzaga keladigan ijtimoiy va madaniy o'zgarishlarning mohiyatini tushunishga harakat qiladilar. . Maqolada Brettelning [5] qayd etishicha, bu istak antropologlarni emigratsiya va immigratsiyaning erkaklar va ayollar oʻrtasidagi, qarindoshlar oʻrtasidagi, bir xil madaniyat yoki etnik kelib chiqishi boʻlgan odamlar oʻrtasidagi ijtimoiy munosabatlarga taʼsirini oʻrganishga undagan. Migratsiya bo'yicha antropologik tadqiqotlarda qo'yilgan savollar, migrantlar uchun migratsiya oqibatlari ularning ijtimoiy, madaniy va gender holati bilan belgilanadi va migrantlarning o'zlari tajribalarini sharhlash va ularni tuzilmaviy cheklovlar doirasida qurish orqali ularning xatti-harakatlarini belgilaydilar, degan taxminga asoslanadi. Sotsiologlar singari, siyosatshunoslar birinchi navbatda mezbon

---

[5] Brettell Karolin B. *Antropologiyada migratsiya nazariyasi* .97-136-betlar. In: *Migratsiya nazariyasi: fanlar bo'yicha suhbat* / tahrir. Karolin B. Brettell va Jeyms F. Hollifild tomonidan, (2000).
Nyu York. Routledge

jamiyatning muammolari bilan shug'ullanishadi, ammo immigratsiya siyosatiga (kirishni tartibga soluvchi qoidalar) emas, balki emigratsiya siyosatiga (ketishni tartibga soluvchi qoidalar) e'tibor qaratadigan juda kam tadqiqotchilarni topish mumkin. Ushbu tadqiqotchilar o'xshash nazorat muammolarini o'rganishadi, lekin rivojlanish muammolariga ko'proq e'tibor berishadi (Lids; Rassell; Weiner). Ular jo'natuvchi yoki qabul qiluvchi jamiyatlarni o'rganishadimi, siyosatshunoslar nazariy kelishmovchiliklarga duch kelishadi. Ba'zi siyosatshunoslar, albatta, migratsiyani o'rganishda ko'proq qiziqishga yo'naltirilgan, mikroiqtisodiy yondashuvga moyil, ya'ni. Ratsional tanlash nazariyasiga (Friman, Kessler) boshqalari esa rivojlangan sanoat demokratiyalarida immigratsiyaning kuchayishi uchun institutsional, madaniy va kontseptual tushuntirishlarni ma'qullaydilar (Hollifild; Zolberg).

Migratsiya muammolariga bag'ishlangan yuridik adabiyotlarda tasvirlangan ikkala an'anani ham uchratish mumkin. Ulardan birining tarafdorlari (Chang) migratsiyani tushunish uchun yanada oqilona, mikroiqtisodiy yondashuvdan foydalanadilar. Yana bir an'ana (Shokning maqolasi bilan ifodalangan, shuningdek, Legomskiyga qarang) natijalarni tushuntiruvchi asosiy o'zgaruvchilar sifatida institutlar, jarayonlar va huquqlarga e'tibor beradi. Jahon tizimlari nazariyasi sotsiologiya va antropologiyada muhim rol o'ynashiga qaramay, Xaysler va Brettell bu sohalarda keyingi nazariya mikrodarajada yoki Tomas Feist yaqinda "mezo-daraja" deb atagan narsada sodir bo'lishiga ishonishadi. Bu daraja ijtimoiy aloqalarga alohida e'tibor berish bilan tavsiflanadi. Siyosatshunoslar davlat roliga o'ziga xos e'tibor qaratishlari bilan, aksincha, makrodarajada ishlash qulayroqdir. Huquqshunoslik, ayniqsa, siyosatshunoslik va iqtisod bilan kesishgan joylarda ham xuddi shunday deyish kerak. Biroq, huquqshunos olimlar alohida holatlarga va pretsedentlarning naqshlariga teng darajada e'tibor berishadi va shuning uchun mikrotahlil darajasida ishlaydilar. Iqtisodchilar ham qaysi masalalar o'rganilayotganiga qarab ikki darajada ishlaydi. Iqtisodchilar nafaqat jo'natuvchi va qabul qiluvchi jamiyatlar o'rtasida mavjud bo'lgan ish haqi va ish imkoniyatlaridagi tafovutlar umumiy migratsiya oqimiga qanday ta'sir qilishini emas, balki bunday farqlar shaxsiy va uy xo'jaliklarining xarajatlari/daromadlari va utilitarian migratsiya qarorlariga qanday ta'sir qilishini ham nazariya qiladilar. Demografiya alohida holat bo'lishi mumkin, chunki demograf uchun tahlilning asosiy ob'ekti aholi hisoblanadi.Xillning ta'kidlashicha, "aholining soddalashtirilgan ta'riflari [demograflar]ni ko'r qilib qo'ydi va odamlarni nima birlashtiradigan va ularni nima qilishiga oid murakkabroq fikrlarni hisobga olishga to'sqinlik qildi. uzib qo'yadi." Boshqacha qilib aytganda, immigratsion muhitda qarindoshlik, etnik yoki jamoaviy aloqalarning barqarorligi yoki qurilishi nazariyalarini yaratishda sotsiologlar va antropologlar ko'pincha ishlaydigan mezo-daraja demograflar uchun markaziy daraja emas.

Agar demograflar uchun tahlil ob'ekti aholi bo'lsa, sotsiologlar, antropologlar va ayrim iqtisodchilar uchun alohida shaxs yoki alohida oila tahlil ob'ekti hisoblanadi. So'nggi paytlarda sotsiolog Alejandro Portes [6]tahlil predmeti faqat shaxs emasligini qat'iy ta'kidladi. "Barcha muammolarni shaxs darajasiga tushirish tadqiqotga asossiz cheklovlar qo'yadi va tushuntirishlar va prognozlar yaratish uchun asos sifatida yanada murakkab tahlil ob'ektlaridan (oila, uy xo'jaliklari, jamoalar) foydalanishni istisno qiladi." Darhaqiqat, Brettel antropologiyaga qiziqishning shaxsdan iqtisodiy birlik sifatida oilaga o'tishini kuzatadi. Bu jarayon shaxslar kamdan-kam hollarda migratsiya va migratsiya yoʻnalishi toʻgʻrisida toʻliq vakuumda qaror qabul qilishini, immigrantlarning daromadlari yoki emigrantlardan pul oʻtkazmalari koʻpincha oilaviy xonadonlarda toʻplanishini anglash bilan birga keladi. Xuddi shunday, Massey va boshqalar migratsiyaning neoklassik mikroiqtisodiyoti va migratsiyaning yangi iqtisodiyoti o'rtasidagi farq aynan shaxs tomonidan qabul qilingan qarorlar va oila darajasida qabul qilingan qarorlar o'rtasidagi farqda ekanligini ko'rsatadi. Iqtisodiyotning yangi nazariyotchilarining ta'kidlashicha, oilalar ishchilarni chet elga "nafaqat o'z daromadlarining mutlaq qiymatini oshirish, balki boshqa oilalarning daromadlariga nisbatan daromadlarini yaxshilash va oilaning ma'lumot guruhlari bilan solishtirganda mavqeining nisbiy yomonlashuvini kamaytirish uchun ham yuboradi. " (Massey; Mincer; Stark). [94] Boshqa tahlil ob'ektini tanlagan holda, bu

---

[6]Portes, Alejandro. 1997. "Yangi asr uchun immigratsiya nazariyasi: ayrim muammolar va imkoniyatlar", *Xalqaro migratsiya sharhi* 31: 799-825. R.817

iqtisodiy nazariya sotsiologlar va antropologlar hal qiladigan savollarni albatta hisobga olishi kerak.

Iqtisodchilar butunlay boshqa savollar to'plamini qo'yadilar, ularni o'rganishda ular sotsiologlar bilan kuchlarini birlashtiradilar va ko'pincha boshqa tahlil ob'ektlariga - qabul qiluvchi jamiyatlarning mehnat bozorlariga yoki jo'natuvchi jamiyatlarning iqtisodiyotiga e'tibor qaratadilar. Diqqatning bu o'zgarishi ikki tomonlama va segmentlangan mehnat bozorlari, yalpi daromad va uning taqsimoti, kapitalistik rivojlanishning ta'siri, emigrant pul o'tkazmalarining yashirin siyosiy oqibatlari yoki global shaharlar haqidagi boshqa nazariyalarni keltirib chiqaradi (Saessen). Barcha holatlarda bu paradigma shaxslar emas, balki jamoalarning ehtiyojlari va maqsadlari bilan bog'liq.

MIGRATSIYA JARAYONLARINI fanlararo o'rganishning HUQUQIY ASPEKTLARI.

Bugungi kunning ustuvor yo'nalishlari bizdan 90-yillarning boshlarida Rossiya Federatsiyasiga kelayotgan sobiq vatandoshlarning katta oqimi bilan bog'liq stixiyali harakatlardan farqli o'laroq, migratsiya muammolariga har tomonlama va muvozanatli yondashishni talab qilmoqda. Bugungi kunga kelib, BMT statistik ma'lumotlariga ko'ra, mamlakatimizda 12 milliondan ortiq muhojir bor. Albatta, bu, birinchi navbatda, mehnat migratsiyasi, shundan keyingina majburiy muhojirlar va qochqinlar kabi maqom toifalari. Rossiya Federal migratsiya xizmati rahbari K. Romodanovskiy o'z intervyularidan birida "2005 yil natijalariga ko'ra qonuniy ishlaydiganlarning umumiy soni 702,5 ming kishini tashkil etadi" deb ta'kidlaydi. 2006 yil davri uchun u 1 million raqamni beradi. 300 ming qonuniy mehnat muhojirlari. Shu bilan birga, FMS rahbarining aytishicha, uning bo'limi Rossiya Federatsiyasida qolayotgan noqonuniy migrantlar sonini 10,2 million kishi deb hisoblaydi.[7]

Shunga ko'ra, Rossiya migratsiya siyosatining buguni va yaqin kelajagi noqonuniy migratsiyaning, aniqrog'i, Rossiya Federatsiyasiga ishlash uchun kelgan hujjatsiz mehnat muhojirlari faoliyatining oldini olishga qaratilgan. Aftidan, migrant olimlarning ilmiy-tadqiqot faoliyati va uchinchi sektorning yordami yaqin kelajakda odam savdosi, odamlarni noqonuniy yollash, vizalar va sayohat hujjatlarining etishmasligi, migrantlarni tashishning xalqaro kanallari, ijtimoiy kafolatlar kabi hodisalarga qaratiladi. mehnat muhojirlari. Bularning barchasi zamonaviy migratsiya jarayonlarining haqiqatidir.

Zamonaviy migratsiya huquqining kontseptual apparatini o'zlashtirish uchun uni o'rganish va o'qitishning asosiy yo'nalishlarini aniqlab olish zarur.

---

[7] "Yangi fuqarolarni Rossiyaga ishontirish orqali emas, balki rubl orqali taklif qilish kerak", "Komsomolskaya pravda", 29.12.2006, 17-bet.

Migratsiya jarayonlarini huquqiy tartibga solish ham o'qish, ham o'qitish nuqtai nazaridan eng qiyin yo'nalishlardan biridir. Ushbu intizom xalqaro huquqning G'arbiy bo'limidan kelib chiqqan bo'lib, qochqinlar huquqi deb ataladi. Qochqinlar huquqi Millatlar Ligasi davrida migrantlar huquqlarini himoya qilish uchun birinchi xalqaro huquqiy hujjatlarning yaratilishi bilan paydo bo'ldi. Shunisi e'tiborga loyiqki, bunday hujjat birinchi bo'lib 1921 yilda Rossiya qochqinlarining maqomi to'g'risidagi qaror edi. 1951 yilda Birlashgan Millatlar Tashkiloti tizimida Qochqinlar maqomi to'g'risidagi konventsiya va 1967 yilda Qochqinlar maqomi to'g'risidagi Protokol qabul qilinishi bilan Qochqinlar to'g'risidagi qonun keyinchalik takomillashtirish uchun universal asosga ega bo'ldi. Unda shakllantirilgan "qochoq" tushunchasining ta'rifini eslaylik.

> "Ushbu Konventsiyada "qochoq" atamasi ... irqi, dini, millati, muayyan ijtimoiy guruhga mansubligi yoki siyosiy qarashlari sababli ta'qib qilinishidan asosli qo'rquv tufayli u mamlakatdan tashqarida bo'lgan shaxsni bildiradi. uning fuqaroligi va bu davlat himoyasidan foydalana olmasa yoki bunday qo'rquv tufayli bunday himoyadan foydalanishni istamasa; yoki fuqaroligi bo'lmaganligi va bunday hodisalar natijasida o'zining sobiq doimiy yashash joyidan tashqarida bo'lganligi sababli, bunday qo'rquv tufayli unga qaytishga qodir emas yoki xohlamaydi.
>
> *Qochqinlar maqomi to'g'risidagi 1951 yilgi Konventsiyaning A 2-bandi*

Ma'lumki, xalqaro huquq normalarining umume'tirof etilgan xususiyati majburiy hujjatlarni ratifikatsiya qilish jarayonida yoki xalqaro odat deb ataladigan uzoq va barqaror qo'llash amaliyoti jarayonida olinadi. 1951 yilgi Konventsiyaning deyarli har bir ishtirokchisi o'z qoidalarini milliy immigratsiya qonunchiligi bilan to'ldirdi. Ushbu amaliyot Konventsiya va Protokolga qo'shilgan Rossiya Federatsiyasida ham uchraydi, u qochqinlar va majburiy migrantlar, harakatlanish erkinligi va yashash va yashash joyini tanlash, chet el fuqarolarining huquqiy holati, migratsiya to'g'risida federal qonunlarni qabul qildi. ro'yxatdan o'tish.

> "Qochqin - bu Rossiya Federatsiyasi fuqarosi bo'lmagan va irqi, dini, fuqaroligi, millati, ma'lum bir ijtimoiy guruhga mansubligi yoki ta'qib qurboni bo'lishdan asosli qo'rquv tufayli. siyosiy fikr, o'z fuqaroligi bo'lgan mamlakatdan tashqarida bo'lsa va bu mamlakat himoyasidan foydalana olmaydi yoki bunday qo'rquv tufayli bunday himoyadan foydalanishni istamaydi; yoki fuqaroligi bo'lmaganligi va bunday hodisalar natijasida o'zining sobiq doimiy yashash joyidan tashqarida bo'lganligi sababli, bunday qo'rquv tufayli unga qaytishga qodir emas yoki xohlamaydi.
>
> *Rossiya Federatsiyasining Qochqinlar to'g'risidagi Federal qonunining 1-moddasi 1.1-bandi 1997 yilda o'zgartirilgan.*
> *keyingi o'zgartirish va qo'shimchalar bilan*

Bundan tashqari, 1994 yildagi 40-FZ-sonli Federal qonuni MDH davlatlarining qochqinlar va majburiy muhojirlarga yordam ko'rsatish to'g'risidagi bitimini ratifikatsiya qildi, bu ham "qochoq" tushunchasini belgilaydigan qoidani o'z ichiga oladi.

> "Ushbu Bitim maqsadlari uchun qochqin deganda boshpana bergan Tomonning fuqarosi bo'lmagan holda, zo'ravonlik yoki ta'qibning boshqa shakllari tufayli boshqa Tomon hududidagi doimiy yashash joyini tark etishga majbur bo'lgan shaxs tushuniladi. unga yoki uning oila a'zolariga nisbatan yoki irqi yoki millati, dini, tili, siyosiy e'tiqodi, shuningdek, qurolli va etnik nizolar munosabati bilan ma'lum bir ijtimoiy guruhga mansubligi asosida ta'qib qilinishning real xavfi".
>
> *MDH bitimining 1-moddasi 1-bandi*
> *qochqinlar va ichki ko'chirilganlarga yordam to'g'risida*

Hozirgi vaqtda 1951 yilgi Konventsiya davlatlar tomonidan o'z hududida boshpana izlovchilarni qabul qilish namunasi bo'lib qolmoqda, desak to'g'riroq bo'ladi. Uning huquqiy hujjatlarini tushunish juda murakkab; ko'plab normalar qabul qiluvchi davlatning irodasi bilan chambarchas bog'liq; qochqinlar uchun ijtimoiy kafolatlar juda umumiy shaklda ifodalangan. Biroq, xalqaro hamjamiyatning Qochqinlar to'g'risidagi qonunni zamonaviy shartlarga muvofiq kodlashtirish va yangi hujjatlarni yaratish bo'yicha ko'plab urinishlariga qaramay, 1951 yilgi Konventsiya qochqinlarni himoya qilish bo'yicha universal darajadagi yagona huquqiy kelishuv bo'lib qolmoqda. Bu ko'p jihatdan a'zo davlatlar o'rtasida izchil va yagona fikrga erishish qiyinligi bilan bog'liq. Shu ma'noda, Ikkinchi Jahon urushi davrida yuzaga kelgan odamlarning ommaviy majburiy ko'chirilishi holati G'arb davlatlarining qochqinlar maqomini tan olish va ularga minimal himoya kafolatlarini berish masalasida birlashishiga olib keldi.

Zamonaviy dunyoda davlatlar muhojirlarni qabul qiluvchi va jo'natuvchiga bo'lingan. Qabul qiluvchi davlatlar haqida gapiradigan bo'lsak, G'arbiy Evropa immigratsiya qonuni Shengen kelishuvlari asosida qurilgan. Immigratsiyani huquqiy tartibga solishning Shengen tizimini xalqaro mintaqaviy tizim sifatida aniqlash mumkin. Unda ishtirokchi davlatlar hududida boshpana berish tartibini birlashtiruvchi normalar mavjud.

> "1. Ahdlashuvchi Tomonlar ularning birortasining hududida chet el fuqarosining boshpana soʻrab murojaat qilgan har qanday arizasini koʻrib chiqish majburiyatini oladi.
>
> 2. Ushbu majburiyat Ahdlashuvchi Tomondan har bir arizachiga oʻz hududiga kirish yoki qolishga ruxsat berishini talab qilmaydi.
>
> Har bir Ahdlashuvchi Tomon oʻz milliy qonunchiligi va xalqaro majburiyatlariga muvofiq boshpana soʻragan shaxsga kirishni rad etish yoki uni uchinchi davlatga chiqarib yuborish huquqini oʻzida saqlab qoladi.
>
> 3. Chet el fuqarosi qaysi Ahdlashuvchi Tomondan boshpana soʻrab murojaat qilgan boʻlishidan qatʼi nazar, bunday arizani koʻrib chiqish uchun faqat bitta Ahdlashuvchi Tomon javobgar boʻladi".
>
> *Umumiy chegaralarda nazoratni bosqichma-bosqich olib tashlash to'g'risidagi 1985 yilgi Shengen bitimini qo'llash to'g'risidagi 1990 yilgi Konventsiyaning 29-moddasidan ko'chirma*

Shunday qilib, biz immigratsiya qonuni deb ataladigan milliy qonunchilikning yana bir global tarmog'iga o'tamiz. Qoida tariqasida, u belgilaydigan qoidalarni o'z ichiga oladi:

- davlat hududiga kirish, qolish va undan chiqishning umumiy qoidalari;
- har xil turdagi vizalar;
- chet el fuqarolarining ayrim toifalarining huquqiy holati va ularning bo'lish xususiyatlari;
- yashash uchun ruxsatnoma olish va boshpana yoki qochqin maqomini olish uchun ariza berish tartibi;
- tartibi va qarorlar ustidan shikoyat qilish immigratsiya organlari;
- migratsiya hujjatlari turlari va ularni berish va almashtirish tartibi.

Shunday qilib, aytishimiz mumkinki, har bir shtat o'zining immigratsiya qonunchiligi tizimiga ega bo'lib, u o'z ehtiyojlari va migratsiya siyosati manfaatlaridan kelib chiqqan holda shakllantiradi. Odatda, qochqinlar to'g'risidagi qonun ushbu tizimning bir qismidir, chunki ko'pchilik davlatlar xalqaro huquqni bevosita qo'llamaydilar va ularni milliy huquqiy sohaga qo'shishni afzal ko'rishadi. Shubhasiz, davlat har doim muntazam (ta'limga qabul qilish, ishga joylashish, turizm) va majburiy immigratsiya o'rtasida oqilona muvozanatga intiladi.

> "Hech narsa... chet ellik shaxsning davlatga noqonuniy kirishi yoki bo'lishini qonuniylashtirish sifatida talqin qilinishi mumkin emas; Shuningdek, biron bir qoida biron-bir davlatning chet elliklarning kirishi va ularning bo'lish shartlariga oid qonunlar va qoidalarni qabul qilish yoki o'z fuqarolari va chet elliklar o'rtasida farqlash huquqini cheklovchi sifatida talqin qilinishi mumkin emas. Biroq, bunday qonunlar va qoidalar ushbu davlat tomonidan qabul qilingan xalqaro-huquqiy majburiyatlarga, shu jumladan inson huquqlari bo'yicha majburiyatlarga mos kelishi kerak.
>
> *1985 yilgi Deklaratsiyaning 2-moddasi 1-bandi*
> *ular yashayotgan mamlakat fuqarosi bo'lmagan shaxslarga nisbatan inson huquqlari to'g'risida*

Qochqinlar to'g'risidagi qonun xalqaro inson huquqlari huquqi sohasiga taalluqli ekanligini hisobga olsak, 1951 yilgi Konventsiya G'arb davlatlari tomonidan nega bunday yakdillik bilan qabul qilinganligi tushunarli: unda ta'qibdan qo'rqib, himoyadan foydalanmayotgan shaxslarning asosiy huquqlari mustahkamlangan. o'z davlati. Ushbu pozitsiya Inson huquqlari umumjahon deklaratsiyasining 14-moddasi 1-bandiga to'g'ri keladi, unda: "Har kim boshqa mamlakatlarda ta'qibdan boshpana izlash va undan foydalanish huquqiga ega".

Keyinchalik, allaqachon majburiy bo'lgan boshqa norma San'atning 2-qismida shakllantirilgan. Fuqarolik va siyosiy huquqlar to'g'risidagi xalqaro paktning 12-moddasi: "Har kim istalgan davlatni, shu jumladan o'z mamlakatini ham tark etish huquqiga ega". Nihoyat, San'atning 1-qismi. 1967 yildagi Hududiy boshpana to'g'risidagi deklaratsiyaning 1-moddasida aytilishicha, "boshpana davlat tomonidan o'z suverenitetini amalga oshirish chog'ida San'atning asoslari bo'lgan shaxslarga beriladi. Inson huquqlari umumjahon deklaratsiyasining 14-moddasi boshqa barcha davlatlar tomonidan hurmat qilinishi kerak." Bundan tashqari, San'atning 1-bandi. Ushbu Deklaratsiyaning 2-bandida bunday shaxslarning ahvoli "davlatlar suvereniteti va Birlashgan Millatlar Tashkilotining maqsad va tamoyillariga zarar etkazmasdan, xalqaro hamjamiyatni tashvishga solishi" belgilab qo'yilgan.

Demak, xalqaro huquq shaxsning fuqaroligiga mansub bo'lgan davlat uni o'z himoyasiga olishga qodir bo'lmasa yoki xohlamasa, uni himoya qiladi. G.S. Gudvin-Gill bu borada shunday yozadi: "Himoyaning etishmasligi, masalan, fuqaroligi bo'lmagan shaxslarga nisbatan qonun masalasi bo'lishi mumkin yoki shaxslar yoki guruhlar o'z hukumati himoyasidan foydalana olmaydigan yoki istamaydigan holatlar bo'lishi mumkin. . Bu irqi, dini, millati yoki siyosiy e'tiqodi yoki inson tomonidan sodir bo'lgan ofat tufayli ta'qib qilinishidan asosli qo'rqish bilan bog'liq bo'lishi mumkin."[8]

Albatta, 1951 yilgi Konventsiya tuzilgan tarixiy davr Sovuq urushning dastlabki yillariga to'g'ri kelganini ta'kidlash lozim. Sovet xalqaro huquq kontseptsiyasi keyinchalik Konventsiya qoidalarini Ikkinchi Jahon urushi paytida urush jinoyatlarini sodir etganligi sababli SSSR va Sharqiy Evropa davlatlaridan qochib ketgan shaxslarni G'arb mamlakatlari tomonidan qabul qilishning huquqiy asosi sifatida ko'rib chiqdi yoki ularning siyosiy e'tiqodlari. Bu SSSRning qochqinlar bo'yicha universal kelishuvlarni butunlay e'tiborsiz qoldirdi. Vaziyat faqat 90-yillarning boshlarida, Rossiya Federatsiyasi postsovet davridagi majburiy migratsiya muammolariga duch kelgan va qochqinlar bo'yicha asosiy xalqaro shartnomalarga qo'shilganida o'zgardi.

Biroq, qochqin maqomini berish va boshpana izlovchilarni davlatlar tomonidan o'z hududida qabul qilish bo'yicha keng tarqalgan cheklovlar sovuq urush tugaganidan beri migratsiya tendentsiyasiga aylandi. 1997 yilda BMT Qochqinlar bo'yicha Oliy

---

[8] G.S. Gudvin-Gill, xalqaro huquqda qochqin maqomi, M., 1997, B.29.

komissarligi vaziyatni quyidagicha baholagan edi: "Ushbu yangi siyosiy kontekstda qochqinlar xalqaro munosabatlarda ijobiy emas, balki salbiy elementga aylanib bormoqda. Agar boshpana berish insonparvarlik harakati ekanligi hisobga olinsa ham, ular kelib chiqqan mamlakat va boshpana bergan mamlakat o'rtasidagi munosabatlarda tirnash xususiyati beruvchi omil bo'lib, yaqinroq biznes aloqalari o'rnatilishiga to'sqinlik qilishi mumkin.[9]

UNHCR vakili G'arb davlatlarining potentsial qochqinlarni boshqa toifadagi muhojirlardan ajratishga nisbatan zamonaviy yondashuvini quyidagicha tavsiflaydi: "Xalqaro himoyaga loyiq haqiqiy boshpana izlovchilarni o'z fuqaroligi bo'lgan mamlakatlarni tark etgan boshqa muhojirlardan ajratish tobora qiyinlashib bormoqda. yaxshiroq hayot. Boy davlatlar deyarli barcha xorijliklar uchun kirish eshiklarini tobora yopib qo'ygani va yashash uchun ruxsat olish tartib-qoidalarini tartibga solish kanallarini igna teshigigacha toraytirgani sababli, boshpana so'rash niyatida bo'lmagan muhojirlar birinchi navbatda murojaat qilishga qaror qilishmoqda. maqomga ega bo'ladi va buning natijasida boshpana mamlakatlari o'z millati bo'lgan mamlakatlarida ta'qibdan qo'rqishlarini da'vo qiladigan turli toifadagi ko'p sonli chet elliklar bilan suv bosadi.[10]

Ushbu fikrga to'liq qo'shilib, shuni ta'kidlaymizki, birinchidan, boshpana berish uchun asoslar har doim faqat qabul qiluvchi davlat tomonidan baholanadi. Ikkinchidan, immigrantlarni qo'llab-quvvatlash mexanizmlarini taklif qilish kerak, ular haqiqatan ham ta'qiblardan xalqaro himoyaga muhtoj bo'lgan shaxslarni birinchi o'ringa qo'yadi.

Boshqa tomondan, zamonaviy migratsiya sharoitida, yaxshi ish topish va umuman, yaxshiroq iqtisodiy va ijtimoiy holat izlash uchun o'z davlatini tark etish tendentsiyasi aniq ustunlik qilganda, biz ko'pincha xalqaro standartlar deb ataladigan narsaga murojaat qilamiz. davolash. Qoida tariqasida, ushbu normalar mehnat faoliyatini xalqaro huquqiy tartibga solish sohasida XMT konventsiyalari shaklida

---

[9]Dunyodagi qochqinlar holati 1997-1998 yillar, UNHCR, M., p.79.
[10]"Migratsiya, barqaror rivojlanishning ijtimoiy va madaniyatlararo aspektlari", xalqaro konferensiya materiallari, M., 2004, B.113.

ishlab chiqilgan. Konventsiyalarni qabul qilishdan maqsad ishtirokchi davlatlar hududida mehnat, bandlik va yollash tamoyillari va kafolatlarini hamda mehnat migrantlarining huquqiy maqomini birlashtirishga intilish edi.

> «Mehnat migranti» atamasi o'zi fuqarosi bo'lmagan davlatda daromad keltiradigan ish bilan band bo'ladigan, ishlayotgan yoki shug'ullanayotgan shaxsni anglatadi».
>
> *Barcha mehnat migrantlari va ularning oila a'zolarining huquqlarini himoya qilish to'g'risidagi 1990-yildagi Xalqaro konventsiyaning 2-moddasi 1-bandi.*

> "Ular joylashgan mamlakatda qonuniy daromad keltiradigan mehnat bilan shug'ullanadigan chet elliklarning huquqlarini himoya qilish uchun bunday huquqlar tegishli hukumatlar tomonidan ko'p tomonlama yoki ikki tomonlama konventsiyalarda belgilanishi mumkin."
>
> *1985 yildagi Inson huquqlari to'g'risidagi deklaratsiyaning 8-moddasi*
>
> *ular istiqomat qilayotgan mamlakatning fuqarosi bo'lmaganlar*

Ehtimol, eng global hujjat 1990 yildagi barcha mehnat migrantlari va ularning oila a'zolarining huquqlarini himoya qilish to'g'risidagi xalqaro konventsiyadir. Konventsiya mutlaqo zamonaviy lug'atni taqdim etadi va mehnat muhojirlariga nisbatan kamsitmaslik tamoyiliga asoslanadi. Bu tamoyil ishtirokchi-davlatlarning jinsi, irqi, dini, siyosiy qarashlari, ijtimoiy kelib chiqishi, millati, fuqaroligi, iqtisodiy, mulkiy xususiyatlaridan qat'i nazar, o'z hududidagi mehnat migrantlari va ularning oila a'zolari huquqlarini hurmat qilish va ta'minlash majburiyatini anglatadi. , oilaviy va sinfiy holat. Konventsiyadagi mehnat migrantlari va ularning oila a'zolarining huquqlari umumiy inson huquqlari va qabul qiluvchi davlatda doimiy maqomga ega bo'lgan shaxslar huquqlariga bo'lingan. Birinchi guruhga quyidagi huquq va erkinliklar kiradi:

- davlatingizni tark eting va unga qayting;
- qonun bilan himoyalangan yashash huquqiga ega;

- qiynoqlarga, shafqatsiz va g'ayriinsoniy muomala yoki jazoga duchor bo'lmaslik;

- qullikda yoki qullikda saqlanmaslik va majburiy yoki majburiy mehnat bilan shug'ullanmaslik;

- fikr, vijdon va din erkinligiga ega;

- o'z fikr-mulohazalaringizni erkin tuting va ularni erkin ifoda eting;

- shaxsiy hayotga o'zboshimchalik yoki noqonuniy aralashuvlardan xoli bo'lish va
uyning daxlsizligi va yozishmalar siri;

- mulkdan o'zboshimchalik bilan mahrum bo'lmaslik va adolatli va munosib kompensatsiya olish huquqiga ega;

- erkinlik va shaxsiy xavfsizlikka ega bo'lish;

- insonparvar muomala va qadr-qimmat va madaniy o'ziga xoslikni hurmat qilishni talab qilish ;

- sudlarda va sudlarda mezbon davlat fuqarolari bilan teng bo'lish;

- o'zboshimchalik bilan musodara qilinishi yoki yo'q qilinishi mumkin bo'lmagan davlatda bo'lish uchun asos bo'lgan shaxsni tasdiqlovchi hujjatlarga ega bo'lishi ;

- jamoaviy chiqarib yuborish choralariga duch kelmaslik;

- o'z mamlakatining konsullik va diplomatik muassasalaridan yordam va himoya olish;

- yuridik shaxsga ega;

- mehnatga haq to'lash, mehnat va mehnat sharoitlari masalalarida milliy mehnat rejimidan foydalanish;

- kasaba uyushmalari yoki boshqa birlashmalarda qatnashish erkinligidan foydalanish;

- har qanday tibbiy yordam, shu jumladan shoshilinch yordam olish;

- farzandlaringizga ism bering, ularning tug'ilishi va fuqaroligini ro'yxatdan o'tkazing;

- oʻz farzandlarini tegishli davlat fuqarolari bilan teng munosabatda boʻlish asosida taʼlim olishlari;

- madaniy o'ziga xoslikni saqlash va qo'llab-quvvatlash mamlakatingiz bilan madaniy aloqalar;

- yashash muddati tugagandan so'ng olingan mablag'lar va jamg'armalarni o'tkazing va shaxsiy mulkingizni eksport qiling;

- oʻz davlati va istiqomat joyidan oʻz huquq va majburiyatlari, boʻlish shartlari va zarur rasmiyatchiliklarga rioya etilishi toʻgʻrisida maʼlumot olish.

Mehnat migrantlari huquqlarining ikkinchi guruhiga kelsak, Art. Qabul qiluvchi davlat hududida erkin harakatlanishni kafolatlaydigan 39-modda va Art. 49-sonli ish (yollash) ruxsatnomasining amal qilish muddati uchun yashash uchun ruxsatnoma berish qoidalarini belgilaydi.

XMTning 1975-yildagi Migratsiyada suiiste'mollik va mehnat muhojirlari uchun imkoniyat va muomala tengligi to'g'risidagi 143-sonli konventsiyasi ishtirokchi-davlatlarga yashirin migratsiya harakatlarini aniqlash va bostirish, muhojirlarni nomaqbul sharoitlarga joylashtirish, noqonuniy yollash, bunday harakatni noqonuniy tashkil etish majburiyatlarini yuklaydi. tadbirlar..

> "Ushbu Konventsiya amal qiladigan Tashkilotning har bir aʼzosi milliy shart-sharoitlar va amaliyotga mos keladigan usullar bilan, bandlik va kasbga nisbatan teng imkoniyatlar va muomala, ijtimoiy xavfsizlik, kasaba uyushmalari va madaniy huquqlar hamda uning hududida mehnat migrantlari va ularning oila aʼzolari sifatida qonuniy ravishda boʻlgan shaxslarning shaxsiy va jamoaviy erkinliklari".
> *XMT 1975 yilgi Konventsiyaning 10-moddasi*

XMT tomonidan 2003-2004 yillarda Rossiyada noqonuniy migratsiya bo'yicha o'tkazilgan tadqiqot shuni ko'rsatdiki, "xalqaro migratsiyaning hukmron modelining samarasizligi uning arzon va kuchsiz ishchi kuchidan iborat noqonuniy tarkibiy qismining ulkan ko'lamida namoyon bo'ladi. Ushbu noqonuniy, lekin shunga qaramay, juda katta miqyosda Rossiyaga/orqali migratsiya o'z muomalasiga millionlab odamlarni jalb qiladi ... "[11]

MDH doirasida qabul qilingan 1994-yilda mehnat migratsiyasi va mehnat migrantlarini ijtimoiy himoya qilish sohasida hamkorlik to'g'risidagi bitim yuqoridagi Konventsiyalarning bir qator qoidalarini o'z ichiga olgan.

> «Mehnat migranti (yoki xodimi)» - jo'nab ketuvchi tomon hududida doimiy yashovchi, bandlik Tomonida qonuniy ravishda haq to'lanadigan faoliyat bilan shug'ullanuvchi shaxs.
>
> *1994 yilgi Bitimning 2-moddasi*

Diplomlar va ta'lim to'g'risidagi guvohnomalarni, shuningdek ish tajribasini qonuniylashtirmasdan tan olish kabi Bitim normalarining muhimligini ta'kidlash lozim (4-modda); mehnat shartnomasi (kontrakt) mazmuni bayoni (6-modda); ikki tomonlama soliqqa tortishga yo'l qo'yilmasligi (7-modda); milliy qonunchilikka muvofiq ijtimoiy ta'minotni ta'minlash (10-modda); tegishli organlar orqali mehnat va immigratsiyaga oid milliy qonunchilik hamda mehnat bozorlari holati to'g'risida tomonlarni o'zaro xabardor qilish (13-modda va 15-modda).

Noqonuniy mehnat migratsiyasining oldini olish Rossiya hukumatining eng muhim ustuvor yo'nalishlaridan biriga aylanmoqda. Bu yangi immigratsiya qonunchiligi blokining qabul qilinishidan dalolat beradi, xususan:

- 110-FZ-sonli "Federal qonunga o'zgartirishlar kiritish to'g'risida" Federal qonuni
" Rossiya Federatsiyasida chet el fuqarolarining huquqiy holati to'g'risida"
2006 yil 18 iyul;

- "Rossiya Federatsiyasida chet el fuqarolari va fuqaroligi bo'lmagan shaxslarni migratsiya ro'yxatidan o'tkazish to'g'risida" gi 109-FZ-sonli Federal qonuni.

---

[11]Rossiyada noqonuniy migratsiya muammosi: haqiqatlar va echimlarni izlash, XMT, M., 2004, 495-bet.

2006 yil 18 iyul;

- Rossiya Federatsiyasi Hukumatining 2006 yil 11 noyabrdagi "2007 yil uchun chet el fuqarolariga mehnat faoliyatini amalga oshirish uchun Rossiya Federatsiyasiga kirishga taklifnomalar berish kvotani tasdiqlash to'g'risida"gi qarori;

- Rossiya Federatsiyasi Hukumatining 2006 yil 15 noyabrdagi "Rossiya Federatsiyasiga vizani talab qilmaydigan tarzda kelgan chet el fuqarolariga ishlash uchun ruxsatnomalar berish uchun 2007 yil uchun kvotani tasdiqlash to'g'risida"gi qarori;

- Rossiya Federatsiyasi Hukumatining "Chet el fuqarolariga Rossiya Federatsiyasida vaqtinchalik mehnat faoliyatini amalga oshirish uchun ruxsatnomalar berish tartibi to'g'risida" gi qarori .

2006 yil 15 noyabr.

"Rossiya Federatsiyasida qonuniy ravishda bo'lgan chet el fuqarosi - bu haqiqiy yashash uchun ruxsatnoma yoki vaqtinchalik yashash uchun ruxsatnoma, viza va (yoki) migratsiya kartasi yoki federal qonun yoki xalqaro shartnomada nazarda tutilgan boshqa hujjatlarga ega bo'lgan shaxs. Chet el fuqarosining Rossiya Federatsiyasida bo'lish (yashash) huquqini tasdiqlovchi Rossiya Federatsiyasi".

115-FZ-sonli Federal qonunining 2-moddasi

"Rossiya Federatsiyasida chet el fuqarolarining huquqiy holati to'g'risida" 2002 yil 25 iyul

> "Ushbu Federal qonun chet el fuqarolari va fuqaroligi bo'lmagan shaxslarning Rossiya Federatsiyasiga kirishi, Rossiya Federatsiyasi hududi orqali tranzit o'tishi, Rossiya Federatsiyasi hududi bo'ylab harakatlanishini tanlash va o'zgartirish bilan bog'liq bo'lgan harakatlarini qayd etishda yuzaga keladigan munosabatlarni tartibga soladi. ularning Rossiya Federatsiyasida yashash yoki yashash joyi yoki Rossiya Federatsiyasidan chiqib ketishi.
>
> *109-FZ-sonli Federal qonunining 1-moddasi*
>
> *"Rossiya Federatsiyasida chet el fuqarolari va fuqaroligi bo'lmagan shaxslarni migratsiya ro'yxatidan o'tkazish to'g'risida" 2006 yil 18 iyuldagi*

Biz zamonaviy migratsiyani tartibga solishning asosiy huquqiy tendentsiyalarini qisqacha tavsiflashga harakat qildik. Yuqorida aytilganlardan kelib chiqqan holda, migratsiya huquqini o'rganishning bunday tizimi fanlararo xarakterga ega bo'lishi va birinchi navbatda, migratsiyaning turli jihatlarini o'rganadigan yoki tegishli davlat tuzilmalarida ishlaydigan soha mutaxassislariga taklif qilinishi kerak. migratsiya siyosati va amaliyoti sohasi.

Migratsiya masalalariga ixtisoslashgan yoki migrantlarni qabul qilish markazlarini tashkil etishga ixtisoslashgan jamoat tashkilotlari va jamg'armalari vakillari uchun Rossiya immigratsiya qonunchiligi va uni qo'llash amaliyoti haqida umumiyroq tushunchaga ega bo'lish muhimroq bo'ladi. Bepul, tezkor va malakali yuridik maslahatning ahamiyati uni berayotgan shaxsning huquqiy bilim darajasiga bevosita bog'liqdir. 15-20 daqiqalik maslahatlashuvda kerakli huquqiy ma'lumotlarni taqdim etish uchun qabulxona mutaxassisi qanchalik professional bo'lishi kerakligini tasavvur qilishingiz kerak. Binobarin, uni tayyorlash bir qator treninglar va yuridik suhbatlar o'tkazish bo'yicha aniq ko'nikmalarni talab qiladi.

Migrant tadqiqotchilarni tayyorlash masalasiga kelsak, xalqaro huquq va milliy immigratsiya qonunchiligi va migratsiyani tartibga solish sohasidagi mavjud huquqiy tushunchalar o'rtasidagi munosabatlar haqida tushuncha berish muhimdir, migratsiya jarayonlarini fanlararo o'rganishda ayrim huquqiy masalalarga to'xtalib o'tish zarur, ular quyidagilardan iborat:

1. Xalqaro va milliy huquqning shakllanishi va amal qilishini dastlabki tushunish migratsiya jarayonlarining tarixiy va ijtimoiy jihatlari bilan bog'liq bo'lishi kerak.

2. Muhojirlarni himoya qilish bo'yicha amaldagi xalqaro huquqiy hujjatlar va tizimlarni ko'rib chiqish va ularni izohlashga katta e'tibor qaratish lozim. Bu huquq manbalarini va ularning migratsiya jarayonlari bilan bog'liqligini yanada mustaqil tushunishga yordam beradi. Buning uchun siz huquqni muhofaza qilish bilan bog'liq amaliy vazifalar va o'yin vaziyatlarning turli shakllariga murojaat qilishingiz mumkin.

3. Milliy immigratsiya qonunchiligi sxematik shaklda yoki huquqiy bildirishnomalar ko'rinishida taqdim etilishi mumkin.

4. Ba'zan munozaralar paytida talabalarning ixtisosligi bo'yicha guruhlarni shakllantirish foydali bo'ladi: tarixchilar, siyosatshunoslar, huquqshunoslar, sotsiologlar, iqtisodchilar va boshqalar. Bunday umumiy kichik guruhda bo'lish, mutaxassislarga bitta savol yoki javobni shakllantirish osonroq.

5. Mashg'ulotlarning muhim qismi ma'ruza kursida taklif qilingan huquqiy materialni tahlil qilishga qaratilgan bo'lishi kerak. Talabalarni ma'ruzaning asosiy mavzulariga yaqin bo'lgan mavzularga to'g'ri yo'naltirish va taqdim etilgan narsalarni tahlil qilish vazifasini qo'yish kerak. Bu amaldagi migratsiya qonunchiligi va amaliyoti bo'yicha o'z xulosalaringizni va baholaringizni olishga yordam beradi.

Shuni ta'kidlash kerakki, ushbu yondashuvlarning barchasi Rossiyada birinchi marta Markaziy Evropa universiteti tomonidan tashkil etilgan migrantlarni o'rganish yozgi maktabida huquqiy darslarni o'tkazishda faol foydalanilgan.

N. Mkrtchyan

MIGRATIONNING IQTISODIYOTGA TA'SIRI

Migratsiya jarayonlari va iqtisodiy rivojlanish o'rtasidagi munosabatlarni o'rganish G'arb mamlakatlarida 60-yillarning oxiridan boshlab iqtisodiy o'sish modellari doirasida boshlandi (JR Xarris, MP Todaro, D. Massey,). [430] Ularning asosiy g'oyasi shundan iborat ediki, mehnatning xalqaro harakati ishlab chiqarish omillaridan biri sifatida iqtisodiy o'sish sur'atlariga sezilarli ta'sir ko'rsatadi.

Xalqaro migratsiya ishchi kuchi qabul qiluvchi va jo'natuvchi mamlakatlarga ham iqtisodiy ta'sir ko'rsatadi. Butun dunyoda aholi migratsiyasi tobora ko'proq resurs sifatida qabul qilinmoqda, undan samarali foydalanish (yoki foydalanmaslik) ko'p jihatdan mamlakatning iqtisodiy rivojlanishining muvaffaqiyatini belgilaydi. [431] Ushbu maqolada, iqtisodiy mavzularning muammoli doirasi juda keng ekanligini tushunib, biz migratsiyaning iqtisodiy o'sishga ta'siri, uning iqtisodiy ta'siriga e'tibor qaratamiz, pul o'tkazmalarini hisoblashning ba'zi usullarini, qonunbuzarliklarning ko'lami va sabablarini baholash usullarini ko'rib chiqamiz (noqonuniy) migratsiya va intellektual mulk huquqlari oqibatlarini baholash usullari.migratsiya.

Aholi migratsiyasi va mamlakatning iqtisodiy rivojlanishi o'rtasidagi o'zaro ta'sirni tahlil qilish quyidagi jihatlarni o'rganishni o'z ichiga oladi:

-*migratsiya va makroiqtisodiy jarayonlar:* migratsiya va yalpi ichki mahsulotning o'sishi, ish haqi darajasi, inflyatsiya jarayonlari, investisiya faolligi, tovarlarga bo'lgan talab, undiriladigan soliqlar hajmi, boshqa makroiqtisodiy ko'rsatkichlar bilan bog'liqligi; migrantlar pul o'tkazmalarining mamlakat to'lov balansiga ta'siri;

- *migratsiya va mehnat bozori:* migratsiya jarayonlarining ishsizlik darajasiga, ishchi kuchiga talab va taklifga ta'siri, mahalliy aholi va migrantlar o'rtasidagi ish o'rinlari uchun raqobat;

- *migratsiya va bandlik:* aholi bandligi sohasidagi tarkibiy o'zgarishlar (malakalar, bandlik sohalari, iqtisodiyot tarmoqlari bo'yicha), migratsiyaning mehnat resurslari soniga ta'siri;

- *migratsiya va mikroiqtisodiy jarayonlar:* ish safarlarining samaradorligini, migratsiya jarayonlarining uy xo'jaliklari turmush darajasiga ta'sirini baholash;

- *migratsiya va yashirin (yashirin) jarayonlar:* migratsiyaning yashirin iqtisodiyotga ta'siri, noqonuniy bandlik hajmi;

- *migratsiya va ijtimoiy siyosat:* migrantlarni qabul qilish va ijtimoiy moslashtirishga davlat xarajatlari, ularning ijtimoiy ta'minoti, qo'shimcha infratuzilmani yaratish, pensiya tizimini isloh qilishda migratsiyaning roli.

Migratsiya jarayonlarining rivojlanishini iqtisodiy tahlil qilishning eng keng tarqalgan usullari quyidagilardir: iqtisodiy-matematik modellashtirish, korrelyatsiya va omillar tahlili; stsenariylarni bashorat qilish, ekspert baholari.

Migratsiya jarayonlarini iqtisodiy jihatdan tahlil qilish uchun asosiy ma'lumotlar manbalarini nomlaymiz :

1) *Mamlakatning to'lov balansi ma'lumotlari.* Zamonaviy to'lov balansida migratsiya harakatining samaradorligi quyidagi moddalarda namoyon bo'ladi:

- "Mehnat daromadi" deb ataladigan "xodimlarning kompensatsiyasi" norezidentlar tomonidan rezidentlar uchun bajarilgan va ular tomonidan to'lanadigan naqd yoki natura shaklidagi ish haqi, ish haqi va boshqa to'lovlarni o'z ichiga oladi;

- "ishchilar pul o'tkazmalari" - bu yangi mamlakatda kamida bir yil yashab ishlaydigan migrantlar tomonidan o'zlarining sobiq mamlakati rezidentlariga doimiy ravishda o'tkazilayotgan mablag'lar; ular naqd yoki naqd shakldagi barcha joriy fond o'tkazmalaridan iborat;

- "migratsiya bilan bog'liq o'tkazmalar" (migrantlar o'tkazmalari) migrantlarning boshqa davlatga ko'chib o'tganda olib o'tilgan (yoki uyda qoldirilgan) mol-mulki qiymatining taxminiy pul ekvivalentini ifodalaydi;

qat'iy ma'noda, "migratsiya bilan bog'liq o'tkazmalar" ikki kontragent o'rtasidagi bitimlar natijasi emas, balki migratsiya natijasida kelib chiqadigan tovar oqimlari va moliyaviy aktivlar va majburiyatlardagi o'zgarishlarga nisbatan kompensatsiya komponentini ifodalaydi (kamida bir yil davomida). .[12]

2) *Ishchi kuchi balansi ma'lumotlari.* Mehnat resurslari balansining tahlili aholi va mehnat resurslari rivojlanishining eng muhim tendentsiyalari va qonuniyatlarini aniqlashga, bandlikdagi tarkibiy o'zgarishlarni baholashga yordam beradi. Mehnat resurslari balansidan kelib chiqib, ayrim tarmoqlar va hududlarda ishlayotgan ishchi kuchini jalb qilish yoki bo'shatish zarurligini hisobga olgan holda bandlik tuzilmasini takomillashtirish bo'yicha takliflar asoslanadi, mehnat resurslarini hududiy qayta taqsimlash zaruriyati aniqlanadi. Shu bilan birga, iqtisodiyotning ayrim tarmoqlariga xorijiy ishchi kuchini jalb qilish zarurati belgilab qo'yildi.

3) aholi migratsiyasi, shu jumladan ichki migratsiya harakati, mamlakatdan chiqish va doimiy yashash uchun mamlakatga kirish to'g'risidagi *statistik ma'lumotlar , vaqtinchalik mehnat migratsiyasining miqdoriy va sifat xususiyatlari;*

4) Turli migratsiya oqimlari, jumladan, noqonuniy mehnat harakati va immigrantlarning yashirin bandligi ko'lamini *ekspert baholashlari .*

5) Migrantlarning turli guruhlari o'rtasida *sotsiologik so'rovlar natijalari .*

1. Qabul qiluvchi va jo'natuvchi mamlakatlar uchun iqtisodiy ta'sir

Iqtisodiy samaradorlik - bu natijalarning xarajatlarga nisbati. Iqtisodiy samara - bu natijalar va xarajatlar o'rtasidagi farq; qiymat nisbiy emas, balki mutlaqdir.[433] Aholi migratsiyasiga nisbatan iqtisodiy samaradorlik bu yoki boshqa shaklda

---

[12]Glushchenko G.I. Xalqaro mehnat muhojirlarining pul o'tkazmalari: xususiyatlar va belgilovchi omillar // Statistika masalalari. – 2005. – № 3. – B. 38-50. [433] Burov A.S. Rossiya tashqi savdosining samaradorligi; hisoblash metodologiyasi. - M.:
Moliya va statistika, 2003. – B.3

davlatning migratsiya siyosatini amalga oshirishga sarflagan xarajatlarini natijada olinadigan ijtimoiy-iqtisodiy manfaatlar bilan solishtirishdir.

Migratsiya jarayonlarining rivojlanishini, shuningdek, ulardan olinadigan iqtisodiy samarani turli davrlarda baholash muhimdir, chunki qisqa, o'rta va uzoq muddatda bir xil oqimlar turli xil oqibatlarga olib kelishi mumkin.

2. Tartibga solish vositalari

Iqtisodiyotni tartibga solish aholi toifalarini va mamlakat/mintaqa tomonidan talab qilinadigan mehnat resurslari sonini aniqlash, shuningdek, aholining zarur miqyos va yo'nalishdagi migratsiya oqimini (chiqib ketishini) iqtisodiy rag'batlantirish choralarini ko'rish maqsadida amalga oshiriladi.

Tashqi mehnat migratsiyasini tartibga solish turli darajadagi ushbu jarayonga jalb qilingan barcha sub'ektlarning manfaatlarini muvofiqlashtirishga qaratilgan: ishchi kuchi eksport qiluvchi mamlakatlar, import qiluvchi mamlakatlar, ish beruvchilar, vositachi firmalar va mehnat migrantlarining o'zlari. Mehnat migratsiyasining rivojlanishi munosabati bilan birinchi navbatda davlat oldida turgan vazifalar orasida milliy mehnat bozoridan ishchi kuchining chiqib ketishi natijasida yuzaga keladigan salbiy holatlarni yumshatish va ijobiy iqtisodiy va ijtimoiy oqibatlarni maksimal darajada oshirish muhim ahamiyatga ega. mehnat migrantlarining ijtimoiy himoyasini ta'minlashning eng muhim sharti bo'lgan noqonuniy migratsiyaga barham berish. [13]Tashqi mehnat migratsiyasini tartibga solishning asosiy vositalari quyidagilardan iborat:

---

[13]Postsovet Rossiyasida migratsiya va mehnat bozorlari / Ed. ed. G. Vitkovskaya. - M .: Moskva. Karnegi markazi, 1998. – B.177;
Tixonova L.E., Tkachenko S.S. Belarusiyada tashqi mehnat migratsiyasining zamonaviy tendentsiyalari // Belarusiya iqtisodiy jurnali. – 2005. – No 2. - B. 99-107.; MDHga mehnat migratsiyasi: ijtimoiy va iqtisodiy samaralar / Mas'ul. ed.
J.A. Zayonchkovskaya. – M.: MDHda majburiy migratsiya muammolarini o'rganish markazi, 2003 y.

1. Davlatning mehnat migratsiyasi bo'yicha xalqaro konventsiyalarga qo'shilishi. Mehnat migrantlarining huquqlarini milliy qonunchilik darajasida ta'minlash.

2. Manfaatdor davlatlar o'rtasida ikki tomonlama va ko'p tomonlama hukumatlararo bitimlar tuzish. Ularda migratsiyaning o'zaro maqbul parametrlari (kvota va boshqalar), ishchilarni yollash shartlari, ularning mehnat va ijtimoiy huquqlariga rioya qilish kafolatlari, noqonuniy migratsiyaga chek qo'yish va qonuniy migratsiyaning qaytishini rag'batlantirish choralari hamda davlatlarning bir qator aniq majburiyatlari belgilangan.

3. Barcha migrantlar yoki alohida professional guruhlarning chiqib ketishi ustidan bevosita ma'muriy nazorat chet el pasportlarini berishni cheklash, kirish vizalarini berish amaliyotini joriy etish, ishchi kuchi importida davlat monopoliyasi va boshqalar orqali o'rnatilishi mumkin.

4. Chet elda bandlik faoliyatini litsenziyalash. Bu usul bir qator muammolarni hal etishda, birinchi navbatda, mehnatni yollash shartlarini tartibga solish, noqonuniy migratsiyaga chek qo'yish, mehnat migrantlarini ijtimoiy himoya qilish uchun eng universal vosita hisoblanadi.

Ijtimoiy-iqtisodiy rivojlanish maqsadlarida migratsiya jarayonlarini tartibga solish bo'yicha xorijiy tajriba tahlili shuni ko'rsatadiki, chet el ishchi kuchini oluvchi davlatlar quyidagi tartibga solish vositalaridan foydalanadilar:

- kadrlar sifatiga qo'yiladigan talablarni taqdim etish (ta'lim to'g'risidagi guvohnomaning mavjudligi, mutaxassislik bo'yicha ish tajribasi);

- sayohatchilar uchun yosh chegarasini joriy etish;

- potentsial muhojirlarning salomatlik holatini tekshirish (chet ellik nomzodlarni dastlabki tibbiy va psixologik testdan o'tkazish);

- chet ellik ishchilar va mahalliy aholi sonining qonuniy belgilangan nisbatida yoki boshqa mezonlarda ifodalangan ishchi kuchi importiga to'g'ridan-to'g'ri kvotalar;

- immigratsiyaning afzal ko'rgan mamlakatlari va ularni qabul qiluvchi mamlakatda joylashgan hududlarini aks ettiruvchi milliy geografik ustuvorliklar;

- immigrantlarni jalb qilishga qaratilgan maxsus dasturlar;

- noqonuniy mehnat muhojirlariga, shuningdek, mehnatni noqonuniy olib kirish bilan shug'ullanuvchi shaxslarga va migrantlar mehnatidan noqonuniy foydalanayotgan ish beruvchilarga nisbatan amaldagi sanksiyalar tizimi.

Shu bilan birga, barcha qabul qiluvchi mamlakatlar uchun umumiy bo'lgan qoida mavjud qonunchilikka qaramay, uni qo'llash mehnat bozoridagi tebranishlarga, migrantning mutaxassisligi va malakasiga, shuningdek, u kelib chiqqan mamlakatga bog'liq.[14]

Ishchi jo'natuvchi mamlakatlarning migratsiya siyosati quyidagi vositalarni o'z ichiga oladi:

- ishchilarni yollash bilan shug'ullanuvchi vositachi firmalarga qo'yiladigan talablar tizimi, ularni ish bilan ta'minlashning moliyaviy va huquqiy kafolatlarini ta'minlash hamda mehnat migrantlari uchun normal yashash sharoitlarini yaratish;

- chet eldan valyuta o'tkazmalarini rag'batlantiruvchi valyuta va bank siyosatini yuritish; xorijiy valyutadagi depozitlar bo'yicha imtiyozlar berish (depozitlar bo'yicha foizlarni oshirish, soliqlardan ozod qilish, chet el valyutasini o'tkazish uchun imtiyozli pochta va telegraf tariflari va boshqalar);

- qaytgan mehnat muhojirlari uchun imtiyozlar beruvchi bojxona siyosatini amalga oshirish ;

---

[14] Puzakova E.P. Xalqaro iqtisodiy munosabatlar. Darslik Foyda. - Rostovna-Don: nashriyot uyi. Markaz "Mart", - P.325.

- emigrantlar uchun ish qidirish dasturini ishlab chiqish;

- reemigrantlarga uy-joy qurish va sotib olish, shuningdek, o'z biznesini ochish uchun kreditlar berish va imtiyozlar berish.

Tashqi migratsiya jarayonlarini tartibga solishning asosiy shakli immigratsiyani nazorat qilish tizimini tashkil etishdir. Immigratsiya nazoratini joriy etishdan maqsad immigrantlar oqimini tartibga solishdir. Immigratsiya nazoratini tashkil etishning asosiy printsipi migrantlar oqimini fuqarolik va sayohat maqsadiga qarab turli toifalarga ajratishdir. Har bir toifa uchun pasport va viza rejimi, immigratsiya nazorati doirasi va talablari belgilanadi, ular immigratsiya qonunchiligi bilan tartibga solinishi kerak. Davlatning immigratsiya siyosatini amalga oshirishning asosiy vositalari quyidagilardan iborat:

- yashash uchun ruxsatnoma olishni xohlovchi xorijiy fuqarolarni qabul qilish uchun kvotalarni joriy etish ;

- migrantlarni joylashtirish uchun afzal qilingan hududlar ro'yxatini shakllantirish, ko'chirishni tabaqalashtirilgan iqtisodiy rag'batlantirish tizimini joriy etish;

- migratsiya qonunchiligini buzganlik, qonun hujjatlarida nazarda tutilgan hollarda mamlakatdan chiqarib yuborish uchun jazo qoʻllash mexanizmi;

- mamlakatda immigratsiya jarayonlarini tartibga soluvchi qonunchilik bazasini yaratish ;

- chet el fuqarolarining mamlakatda boʻlishiga ruxsat berish tartibini [15]joriy etish , shuningdek, ogʻir jinoyatlar sodir etganligi uchun sudlangan shaxslarning kirishi va tranzitini cheklash.

---

[15] Aholi migratsiyasi. Immigratsiyani nazorat qilish tizimi / Ed.
O.D. Vorobyova. – M.: "Rossiyadagi migratsiya" jurnaliga qoʻshimcha, 2001. – Nashr. 4. – 160 S.
4
Regent T.M. Rossiyada migratsiya: davlat tomonidan tartibga solish muammolari. – M., 1999 yil;
MDH mamlakatlarida migratsiyani tartibga solish: qonun ijodkorligi va transchegaraviy hamkorlik / XMT ochiq forumi. Maxsus soni No 3. – B. 24.

Emigratsiya siyosati asosiy e'tiborni iqtisodiy rag'batlantirish yoki emigratsiyani tartibga soluvchi va qonunchilik bilan cheklash, reemigratsiya va reemigrantlarning o'z vatanida moslashishi uchun sharoit yaratishga qaratilgan. Ushbu siyosatni amalga oshirishning asosiy vositalari quyidagilardir: fiskal, narx va pul-kredit siyosati, kvotalar, subsidiyalar, nafaqalar, imtiyozlar (uy-joy qurish va sotib olish, o'z biznesingizni ochish uchun) va qayta ishlash uchun ish o'rinlari yaratish dasturini ishlab chiqish. muhojirlar.

intellektual migratsiya [16] muammolarini hal qilish yondashuvlaridan ushbu sohadagi davlat siyosatining ikkita asosiy konsepsiyasini ajratib ko'rsatish mumkin. Bu "faol tartibga solish" tushunchasi bo'lib, uning asosiy g'oyasi intellektual davlatlararo migratsiyani turli xil vositalar (huquqiy, ma'muriy, iqtisodiy va boshqalar) yordamida davlat tomonidan tartibga solishning asosiy imkoniyati va maqsadga muvofiqligidir. Ushbu kontseptsiya, birinchi navbatda, migrantlarni qaytarish dasturlarini tartibga soluvchi mahalliy va xalqaro huquqiy hujjatlarning faol kombinatsiyasini o'z ichiga oladi. "Kelajakga yo'naltirish" kontseptsiyasi intellektual migratsiyani tartibga solish muammolarini faqat kelajakda va millatlar miqyosida, shaxsning manfaatlarini va emigrantning kelib chiqishi davlatini hurmat qilgan holda hal qilish mumkin degan pozitsiyaga asoslanadi. Bu umume'tirof etilgan davlat me'yorlariga zid bo'lmagan xalqaro huquq normalari va qonunchilik qoidalarini ishlab chiqish demakdir.[17]

Majburiy migrantlarga nisbatan davlat siyosati mexanizmi , birinchi navbatda, immigratsiya nazorati, huquqiy maqomni aniqlash, shoshilinch yordam ko'rsatish, vaqtinchalik yashash joylarida yordam ko'rsatish va uzoq muddatli yechimlarni, shu jumladan doimiy joylashtirish va integratsiyani, kelgusida qayta joylashtirishni o'z ichiga oladi. ixtiyoriy repatriatsiya.

---

[16] Rossiyada migratsiya va xavfsizlik / Ed. G. Vitkovskaya va S. Panarin. – M.: Interdialekt+, 2000. – B. 341.;
Aholi migratsiyasi. Xalqaro migratsiya – M.: "Rossiyadagi migratsiya" jurnaliga qo'shimcha, 2001. – Nashr. 3 – 112-bet.

[17] Ushkalov I.G., Malaka I.A. "Miyaning ketishi" - ko'lami, sabablari, oqibatlari. – M.: URSS tahririyati, 1999. – B. 176.

Noqonuniy immigratsiyaga qarshi kurashish chora-tadbirlari tizimi quyidagi asosiy yoʻnalishlarni oʻz ichiga oladi: immigratsiya nazoratining samarali tizimini yaratish, chegara xizmatlarining texnik jihozlanishini oshirish; transport tashuvchilar uchun talablarni kuchaytirish; noqonuniy immigratsiya, noqonuniy ishga joylashish va migrant kontrabandasi uchun jazolarni oshirish; noqonuniy muhojirlarni deportatsiya qilishni tashkil etish; immigratsiya maqomini tartibga solish; axborot kampaniyalarini o'tkazish, noqonuniy migrantlarni qonuniylashtirish dasturlarini amalga oshirish.

Ichki migratsiya harakatlarini davlat tomonidan tartibga solishning eng muhim maqsadi mintaqaviy iqtisodiy rivojlanishning bir xilligini ta'minlash va mintaqaviy iqtisodiy nosimmetriklikni bartaraf etishdan iborat. Bu shuni anglatadiki, aholining bir mintaqadan ikkinchisiga keskin oqimi va kontsentratsiyasi jarayoni sodir bo'lmasligi va ijtimoiy keskinlikning xavfli darajasi yuzaga kelmasligi uchun alohida hududlardagi hayot darajasi va sharoitlari bir-biridan keskin farq qilmasligi kerak. eng qulay hududlarda yaratilgan. Aholini ichki qayta taqsimlash orqali oqilona taqsimlash mintaqaviy qarama-qarshiliklarni yumshatadi va ichki ijtimoiy-iqtisodiy keskinlikni bartaraf etadi.

Shunday qilib, migratsiya jarayonlarini samarali tartibga solish iqtisodiy va ijtimoiy maqsad va vazifalarni teng darajada hisobga olgan holda davlatning ijtimoiy-iqtisodiy va demografik manfaatlariga mos keladigan toʻgʻri tanlangan chora-tadbirlarni uzoq muddatli va izchil qoʻllashdan iborat.

MIGRATSIYA SIYoSATI.

MIGRATION JARAYONLARINI BOSHQARISH.

1. Migratsiya jarayonlarining siyosiy jihati

Inson butun umri davomida bitta madaniyat, diniy an'ana, yagona milliy davlat doirasida o'tadi, deb hisoblangan davrlar o'tib ketdi. V.A.ning so'zlariga ko'ra. Iontsevning so'zlariga ko'ra, ko'chmanchi haqli ravishda bizning davrimizning vakili deb hisoblanishi mumkin va kelajak jamiyatida barcha odamlar, madaniyatidan qat'i nazar, muhojirga aylanadi. Bunga kapital va kommunikatsiya kanallarining globallashuvi va transmilliylashuvi bilan birgalikda global migratsiya jarayonlariga sezilarli ta'sir ko'rsatadigan xalqaro savdo, xorijiy investitsiyalar va texnologiyalar uchun milliy davlatlar bozorlarining ochilishi yordam beradi.

Yaxshi hayot, yangi ish yoki o'qish uchun munosib joy izlab, millionlab odamlar har yili o'z yashash joylarini o'zgartiradilar. Xalqaro migratsiyaning muttasil o'sib borayotgan ko'lami migratsiya sikliga majoziy ma'noda "migrantlar xalqi" deb ataladigan dunyoning deyarli barcha mamlakatlari aholisini jalb qilmoqda.

Shunga qaramay, migratsiya siyosiy jihatdan ziddiyatli hodisa bo'lib qolmoqda. Bir tomondan, dunyoning turli mamlakatlaridagi davlat idoralari va siyosiy tashkilotlar vakillari migratsiya jarayonlarining ijobiy tomonlari mavjudligini, masalan, ma'lum texnik bilim va ko'nikmalarga ega bo'lgan oliy ma'lumotli migrantlarni mamlakatga jalb etish, bu esa mehnat unumdorligi va mehnat unumdorligini sezilarli darajada oshiradiganligini ta'kidlamoqda. mamlakatning raqobatbardoshligi. Migrant tadbirkorlar yangi ishlab chiqarishlar va yangi ish o'rinlari ochilishiga hissa qo'shadilar, past malakali migrantlar esa mahalliy aholi tomonidan bajarishni istamaydigan ish o'rinlariga bo'lgan talabni qondirishga yordam beradi.

Boshqa tomondan, ichidagi ba'zi siyosiy kuchlar

Milliy shtatlar muhojirlar mahalliy aholi uchun jozibador bo'lgan ish o'rinlarini egallashidan yoki davlatning ijtimoiy nafaqalar va ehtiyojlar uchun xarajatlarini oshirishga hissa qo'shishidan qo'rqishadi. Muhojirlar boshqa madaniy muhit vakillari bo'lib, jamiyatga ijtimoiy nomutanosiblikni keltirib chiqarishi, shuningdek, jinoyatchilik, giyohvandlik va terrorizmning tarqalishiga hissa qo'shishidan qo'rqish bor. Turli siyosiy subyektlarning doimiy kuchayib borayotgan migratsiya jarayonlariga munosabatidagi bunday nomuvofiqlik tadqiqotchilarni migratsiyaning zamonaviy davlatlar hayotida tutgan o'rnini batafsil ko'rib chiqishga undadi.

Ko'p o'n yillar davomida migratsiyani o'rganish bilan asosan iqtisodchilar, sotsiologlar va demograflar shug'ullandilar, migratsiya jarayonlarini siyosiy o'rganish va ularning zamonaviy davlatlar tuzilishi va siyosatiga ta'siri esa soyada qoldi. Darhaqiqat, aholi migratsiyasi tobora murakkablashib borayotgan davlatlar va davlatlararo munosabatlar tizimining muhim tarkibiy qismlaridan biridir. Kuchli global raqobat va siyosiy va iqtisodiy makonning transmilliylashuvi nuqtai nazaridan u har qanday zamonaviy davlatning siyosiy tizimi va siyosiy jarayonlarning tabiati va mohiyatiga ta'sir qiladi. Shuning uchun ham o'tgan asrning 80-yillari o'rtalaridan boshlab migratsiya jarayonlarining siyosiy-davlat komponenti siyosatshunos va huquqshunos olimlarning tadqiqot ob'ektiga aylandi.

Zamonaviy siyosat nazariyasida migratsiya ikki o'lchovda ko'rib chiqiladi:

- milliy; - situatsion va siyosiy.

Birinchi holda, biz migratsiya oqimlarining davlatning ijtimoiy-siyosiy tuzilishiga va uning fuqarolarining milliy o'ziga xosligiga, ichki munosabatlar tizimiga va siyosiy madaniyatiga, davlatning insoniy salohiyatiga ta'siri haqida bormoqda, bu mamlakatning tashqi siyosat maydonidagi o'rni va roli. Ushbu o'lchov doirasida o'rganiladigan asosiy masalalardan biri migratsiya oqimlarini nazorat qilish va shunga mos ravishda milliy davlatlar hududiga kirish, chiqish va bo'lish qoidalarini ishlab chiqishdir. Boshqacha aytganda, gap davlatlarning migratsiya siyosati haqida ketmoqda.

Migratsiyaning situatsion va siyosiy jihati siyosatshunoslarning milliy xavfsizlik muammolari va nazoratsiz va noqonuniy migratsiya oqimlari tahdidlariga e'tiborini belgilaydi. Bu muammo, ayniqsa, 2001 yil 11 sentyabrdan so'ng, dunyoning ko'pgina sanoati rivojlangan mamlakatlari uchta asosiy vazifani - "oldini olish, jazolash, himoya qilish" (ingliz tilida odatda 3P atamasi ishlatiladi - oldini olish, ta'qib qilish, himoya qilish) ni hal qilishga e'tibor qaratganidan keyin dolzarb bo'ldi. .

Ikkinchi o'lchov doirasida migrantlar va ularning birlashmalari davlatlar siyosiy hayotida bevosita ishtirok etuvchi yoki kelib chiqqan mamlakatlarda ham, qabul qiluvchi mamlakatlarda ham turli siyosiy kuchlar ta'siriga duchor bo'ladigan siyosiy sub'ektlar sifatida qaraladi. Shu munosabat bilan migrantlarning jamiyatga va milliy-davlatlarning ijtimoiy-siyosiy tizimiga moslashishi va integratsiyalashuvi masalasi oʻtkirdir. Migratsiya jarayonlarining milliy davlatlarning fuqaroligi institutiga, saylov xulq-atvoriga va turli davlat siyosatining shakllanishiga ta'siri ko'pchilik siyosatshunoslar tomonidan migrantlarning moslashuvi muammolari nuqtai nazaridan ko'rib chiqiladi.

Qabul qiluvchi davlatning ijtimoiy tizimiga kirgan diaspora jamoalari va migrantlarning transmilliy tarmoqlari ham kelib chiqqan mamlakatning siyosiy hayotida juda muhim rol o'ynaydi. Muhojirlar jamoalari va tarmoqlarining tarixiy tadqiqotlari bundan bir asrdan ko'proq vaqt oldin diasporalarning siyosiy ishtiroki yuqori ekanligini ko'rsatadi. Diasporalarni siyosiy hayotga jalb qilish shakllari juda xilma-xil bo'lishi mumkin va siyosiy faoliyat yo'nalishi ham qabul qiluvchi davlatga, ham kelib chiqqan mamlakatga yo'naltirilishi mumkin.

Diasporalar siyosiy faoliyatining eng keng tarqalgan shakllari saylov va boshqa siyosiy harakatlar, qabul qiluvchi mamlakatda kelib chiqishi mamlakati manfaatlarini himoya qilish, hukumat yoki muxolifatni qo'llab-quvvatlash orqali kelib chiqqan mamlakatga ta'sir qilish, siyosiy partiyalarni moliyaviy va boshqa turdagi qo'llab-quvvatlashdir. , kelib chiqqan mamlakatdagi nizolarni hal qilishga yordam beradigan yoki ularni qo'zg'atuvchi harakatlar va nodavlat tashkilotlar.

Diasporaning siyosiy hayotda to'g'ridan-to'g'ri ishtirok etishi, kelib chiqqan mamlakatning qonun chiqaruvchi va ijro etuvchi hokimiyatlarida vakillik olish holatlari ma'lum. Bu borada eng yorqin misol Xorvatiya bo'lib, Xorvatiya diasporasi 1990 yilda F.Tudmanning saylovoldi kampaniyasiga 4 million dollar xayriya qilgan va keyinchalik mukofotlangan.

parlamentdagi bir yuz yigirma oʻrindan oʻn ikkitasini berish orqali.

Diasporalar kelib chiqqan mamlakatning iqtisodiy hayotida kamroq intensiv ishtirok etadilar, chunki diaspora o'zining transmilliy mohiyatiga ko'ra kelib chiqqan mamlakatga sezilarli moliyaviy oqimlarni yo'naltirishga qodir va shu bilan uning ijtimoiy-iqtisodiy rivojlanishiga hissa qo'shadi. Hozirgi vaqtda dunyoda ko'plab migrantlar uyushmalari mavjud bo'lib, ular o'z vatanlarida loyihalarni amalga oshirish uchun mo'ljallangan mablag'larni jalb qilish va o'tkazishda katta rol o'ynaydi. Masalan, Malidan kelgan emigrantlar, Fransiyada yashovchi Kayesliklar oʻz vatanlarida umumiy byudjeti 3 million yevro boʻlgan 148 ta loyihani moliyalashtirgan, shundan 2,5 millioni migrantlar hisobidan, 0,5 millioni esa davlat mablagʻlari hisobidan amalga oshirilgan.

Diasporalar migrantlarning transmilliy hamjamiyatlari sifatida ularning o'sishi va rivojlanishi, albatta, pul o'tkazmalari hajmining o'sishiga va ularning kelib chiqqan mamlakatlarning iqtisodiy rivojlanish jarayonlariga foydali ta'siriga hissa qo'shishda davom etadi.

Shunday qilib, migrantlar kelib chiqqan mamlakatlardan tashqarida bo'lishsa ham, diaspora a'zolari bo'lish bilan birga, o'zlarini vatanining bir qismi sifatida his qiladilar, uning xarakterli ijtimoiy-siyosiy munosabati va modellarini baham ko'radilar. Qabul qiluvchi mamlakat uchun ham, kelib chiqqan mamlakat uchun ham bu holat ijobiy va salbiy oqibatlarga olib kelishi mumkin. Biroq, ekspertlarning ta'kidlashicha, hozirgi bosqichda migrant o'z "ildizlaridan" voz kechishini kutishning iloji yo'q. Shuning uchun milliy davlatlar muhojirlar va ularning jamiyatlariga nisbatan siyosatlarini mavjud voqeliklarga mos ravishda qurishlari va migratsiya jarayonlarining siyosiy jihatlarini, xususan, siyosiy migratsiyani yanada chuqurroq o'rganishlari kerak .

2. Migratsiya siyosati nima?

Migratsiya siyosatining muammoli sohasi ham siyosiy, ham migratsiya sohalarining noaniqligi va nomuvofiqligidan kelib chiqadi. "Siyosat" va "migratsiya jarayoni" tushunchalariga yondashuvlarning xilma-xilligi migratsiya siyosatining qarashlariga turlicha qarashlarni keltirib chiqaradi. Qarama-qarshiliklar migratsiya siyosati ta'riflaridagi farqlarda yaqqol namoyon bo'ladi: uning mavjud ta'riflarining aksariyati haddan tashqari tor va uning mohiyatini to'liq ochib bera olmaydi. Biroq, davlat migratsiya siyosati strategiyalarining mohiyati, mazmuni va samaradorligi masalasi haligacha hal qilinmaganligini hisobga olib, taklif etilayotgan talqinlarning, tushunishga yondashuvlarning, mazmuni, yo'nalishi va usullari bo'yicha takliflarning butun majmuasiga e'tibor qaratish lozim. migratsiya siyosatini amalga oshirish.

Mahalliy adabiyotlarda "migratsiya siyosati" tushunchasi turli tadqiqotchilarning "siyosat" atamasini tushunishlariga qarab turlicha ranglarga ega bo'ladi. Ba'zida migratsiya siyosati migratsiya jarayonlarini boshqarish bilan belgilanadi. A.U. Xomra bu tushunchalarni bir xil deb hisoblaydi, chunki demograflar «siyosat» atamasiga o'rganib qolgan, «menejment» atamasi esa unchalik mavhum emas va bundan tashqari, fanning boshqa sohalaridan kelib chiqqan. Migratsiya siyosati va ijtimoiy siyosat o'rtasidagi munosabatlarga oid fikrlarning batafsil tahlili V.A.

Iontsev. O.V.ning qiziqarli nuqtai nazari. Larmina, B.S. Xoreva, V.M. Moiseenkoning fikricha, migratsiya siyosati milliy siyosat, ish haqi siyosati va boshqalar bilan chambarchas bog'liq. Masalan, B.S.ning fikricha. Xorevning ta'kidlashicha, migratsiya siyosati - bu aholining migratsiya harakatchanligini boshqarish shartlari, usullari va choralari tizimi; shunga o'xshash formulalarni boshqa mahalliy mualliflarda ham topish mumkin. 331

Xorijiy ekspertlar orasida migratsiya siyosati u yoki bu chora-tadbirlar tizimi ekanligi haqidagi qarashlar mustahkamlandi. Yevropa Ittifoqi mamlakatlari ekspertlar kengashining fikricha, qochqinlar va immigrantlar oqimini tartibga solishning eng samarali va universal usuli mintaqadagi barcha davlatlar uchun yagona kirish hujjatlarini joriy etish bo'lib, bu masala Shengen kelishuvining asosiy bandiga aylangan. "Nazorat qilinadigan immigratsiya siyosati" deb nomlangan "samarali chegara nazorati va immigratsiyani tanlab cheklash" bo'yicha chora-tadbirlar tizimi Shengen guruhiga a'zo barcha mamlakatlar tomonidan qo'shma harakatlar uchun asos sifatida tasdiqlangan. Yevropa Ittifoqi davlatlarining immigratsiya siyosati asosan nazorat va cheklovchi choralarga asoslanadi. Ular orasida xalqaro transportni nazorat qilish, shuningdek, muhojirlarni deportatsiya qilish alohida o'rin tutadi.

Ko'pgina migratsiya siyosatini shakllantirishning o'ziga xos xususiyati uning chora-tadbirlar tizimi orqali aniqlanishidir. Bizning nuqtai nazarimizdan, bu "instrumental" yondashuv haddan tashqari tor. So'nggi yillarda o'ziga xos migratsiya siyosatini amalga oshirish juda jiddiy siyosiy, huquqiy va moliyaviy muammoga aylandi. Immigratsiya siyosatini mehnat bozoriga to'siq sifatida ko'rish tobora qiyinlashib bormoqda.

L.L. juda to'g'ri ta'kidlaganidek. Ribakovskiy migratsiya siyosatiga yondashuvlarni tahlil qilar ekan, "... ularga (choralarga) qo'shimcha ravishda u (migratsiya siyosati) masalan, sub'yekt tomonidan baham ko'rilgan g'oyalar, g'oyalar, maqsadlarni o'z ichiga oladi, ular nomidan u yoki bu siyosat yuritiladi. amalga oshirildi". Bunda "...migratsiya siyosati – bu boshqaruv darajasida umume'tirof etilgan g'oyalar tizimi va kontseptual jihatdan birlashtirilgan vositalar tizimi bo'lib, ular yordamida birinchi navbatda davlat, shuningdek, uning davlat institutlari tegishli ma'lum tamoyillarga rioya qiladilar. mamlakatning o'ziga xos tarixiy sharoitlariga, jamiyat taraqqiyotining shu va keyingi bosqichiga mos keladigan maqsadlarga erishishni o'z ichiga oladi.

Bizning fikrimizcha, migratsiya siyosatining mavjud ta'riflarida quyidagi fikrlarni ajratib ko'rsatish muhimdir:

- "migratsiya siyosati... siyosiy tizim mahsuli";

- migratsiya siyosati nafaqat davlat, balki jamoat institutlarining ham vakolati;

- turli jamoat institutlari - partiyalar, cherkovlar, jamoat tashkilotlari - migratsiya siyosatining maqsad va vositalari bo'yicha turli nuqtai nazarga ega bo'lishi mumkin;

- migratsiya siyosati - federal va mintaqaviy darajada migratsiyani tartibga solish sohasidagi davlat manfaatlarini migrantlar, mahalliy hamjamiyat, siyosiy va iqtisodiy elita, partiyalar, jamoat institutlari manfaatlari bilan muvofiqlashtirish jarayoni;

- "..migratsiya siyosati - bu yurisdiktsiya o'tkazilayotgan davlatlar o'rtasidagi o'zaro ta'sir jarayoni, chunki migrantlar bir jamiyatning a'zosi bo'lishni to'xtatib, boshqasiga a'zo bo'lishadi."

Shunday qilib , keng ma'noda, migratsiya siyosati:

- davlat siyosatining yo'nalishlaridan biri bo'lib, davlat tuzilmasining mohiyati, maqsadlari,

davlat tomonidan ta'qibga uchraganlar;

- migratsiya jarayonlarini tartibga solish bo'yicha davlat doktrinasi yoki konsepsiyasini ifodalaydi;

- amalga oshirilayotgan iqtisodiy, ijtimoiy, demografik, milliy, madaniy siyosat bilan uzviy bogʻliq;

- real va e'lon qilingan siyosatga bo'linadi, e'lon qilingan siyosat esa migrantlar va qochqinlar manfaatlarini himoya qilish maqsadini e'lon qiladi, haqiqiy esa qabul qiluvchi davlat va hukmron elita manfaatlarini ifodalaydi.

Tor ma'noda migratsiya siyosati migrantlarning sonini, tarkibini, harakatlanish va joylashtirish yo'nalishini o'zgartirishga, ularning integratsiyalashuviga ta'sir ko'rsatishga qaratilgan - demografik muammolar bilan chambarchas bog'liq.

ajratib ko'rsatish mumkin :

1) Tizim modeli. Migratsiya siyosati xalqaro siyosiy tizimning bir qismi sifatida qaraladi. Bunday holda, immigratsiya nazorati ochiq va global bozor kuchlari va yopiq, hududiy chegaralangan davlat tuzilmalari o'rtasidagi nomuvofiqlikdan kelib chiqadigan tarkibiy ehtiyoj sifatida talqin etiladi. Ushbu fikrga ko'ra, davlat nazorati samaradorligining chegaralari inson huquqlari bo'yicha hujjatlar va xalqaro shartnomalardan iborat bo'lgan "mukammal liberalizm" xalqaro rejimining mavjudligiga bog'liq. Tadqiqotchining vazifasi nega bir xil cheklovchi choralarni qoʻllayotgan davlatlar immigratsiyani cheklash harakatlarining tabiati, koʻlami va intensivligi jihatidan sezilarli darajada farq qilishini tushuntirishdan iborat.

2) Marksistik model. Migratsiya siyosati ijtimoiy tartibsizliklar va mahalliy va xorijiy ishchilar o'rtasidagi munosabatlarda yuqori darajadagi ziddiyatlarning oldini olish uchun sanoat ishchilarining zaxira armiyasiga bo'lgan ehtiyojni real ehtiyojga moslashtirishga qaratilgan.

3) Plyuralistik model. Migratsiya siyosati ma'lum bir sub'ektning - tadbirkorlardan cherkovlargacha, kasaba uyushmalaridan tortib etnik birlashmalargacha - butunning tizimli sifatiga e'tibor bermasdan, muayyan imtiyozlarni olishga harakat qiladigan jarayon sifatida qaraladi.

4) Haqiqiy model. Realistik nuqtai nazarga ega tadqiqotchilarning ta'kidlashicha, shtatlarning immigratsiya oqimini qanday boshqarishini tushunish uchun davlat mulohazalari muhim ahamiyatga ega.

5) Neo-korporatistik model. Immigratsiya siyosati sohasida neo-korporatistik modellar immigrantlarni qabul qiluvchi davlat transmilliy va xalqaro cheklovlarni ichki manfaatlar tuzilishi bilan qanday muvofiqlashtirishiga e'tibor qaratadi.

6) Aloqa modeli. Ushbu model tarafdorlari migratsiya siyosati vositachilik zanjiri vazifasini bajaradigan kommunikativ harakatlar tizimi orqali o'zini namoyon qiladi, degan tezisni ilgari surdilar. Ushbu yondashuvda tadqiqotchi immigratsiya siyosatini ishlab chiqish kimning manfaatlariga emas, balki ijtimoiy komponentga, kontekstga e'tibor qaratadi: immigratsiya siyosatining bir qator xususiyatlari immigratsiya siyosatining xususiyatlariga emas, balki siyosatni ishlab chiqish kontekstiga bog'liq. immigratsiya.

Shunday qilib, biz migratsiya siyosatini talqin qilishning o'nlab variantlari mavjudligini ko'ramiz va migratsiya siyosati aslida nima ekanligiga javob berish uchun - va bu muammoli savol - migratsiyaning o'ziga xos xususiyatlarini tahlil qilish ustida to'xtash kerak. siyosat.

3. Migratsiya siyosatining o'ziga xos xususiyatlari

Uning o'ziga xosligi nimada? Zamonaviy siyosiy sotsiologik adabiyotlarda migratsiya siyosatining o'ziga xosligi shundaki, u iqtisodiy siyosat sohasi bilan bog'liq muammolarga ham, jamiyat madaniyati, uning rivojlanishi kabi murakkab va aniqlash qiyin bo'lgan hodisalarga ham ta'sir qiladi, degan nuqtai nazar mavjud. an'analar va o'ziga xoslik. Migratsiya siyosati vazifalarining murakkabligi va noaniqligini aytib, C. Kodagno shunday ta'kidladi: "Immigratsiya ikki xil siyosiy semantikaning chorrahasida joylashgan: iqtisodiy yoki funktsional muammolarga asoslangan va madaniyat, o'ziga xoslik va an'analarga asoslangan".

"Immigratsiya siyosatining bir qator xususiyatlari, masalan, uning parchalanganligi, ko'zda tutilmagan xatti-harakatlarning tez-tezligi, batafsil muzokaralar o'rniga keng ko'lamli keng qamrovli islohotlarga ustunlik berish va axloqiy jihatdan yuqori ehtimoli - siyosatni ishlab chiqish kontekstiga bog'liq. immigratsiya xususiyatlari haqida.

Bundan migratsiya siyosatini yuritish bilan bog'liq masalalarni har tomonlama o'rganish zarurati kelib chiqadi, rejalashtirishda jamiyatning demografik jihatlarini va kadrlar mavjudligini hisobga olish kerak va buni "madaniy vaziyat" deb atash mumkin. " jamiyatda va rivojlangan mamlakatlarning ijtimoiy-iqtisodiy darajasi.

Migratsiya siyosatining o'ziga xosligi uning tuzilishi bilan ham belgilanadi.

Migratsiya siyosatining uch segmentga bo'linishi adabiyotda ancha keng tarqalgan - immigratsiya, integratsiya va naturalizatsiya siyosati.

Immigratsiya siyosati muayyan shaxslarga doimiy yashash huquqini berish, noqonuniy immigratsiyani nazorat qilish, qonuniy (va noqonuniy) muhojirlarni ijtimoiy himoya qilish masalalariga taalluqlidir;

Integratsiya siyosati immigrantlarni (birinchi navbatda, boshqa etnik, irqiy, diniy "ildizlarga" ega bo'lganlar) o'zlari yashayotgan mamlakat hayotiga kiritish muammolariga taalluqlidir.

Naturalizatsiya siyosati qonuniy immigrantlarga fuqarolikni berish shartlari va tartibi bilan bog'liq.

V.I.ga ko'ra. Mukomel, immigratsiya siyosati, integratsiya siyosati va fuqarolikka qabul qilish siyosati bir-biri bilan chambarchas bog'liq bo'lib, ularni kechagi muhojirni qabul qilish, joylashtirish va qabul qiluvchi jamiyatning to'liq a'zosiga aylantirish siyosatining ketma-ket bosqichlari deb hisoblash mumkin. Immigratsiya siyosati, integratsiya siyosati va fuqarolikka qabul qilish siyosatining samaradorligi bevosita ularning har birining kontseptual asoslari, maqsadlari, vazifalari va ustuvorliklarining izchilligiga bog'liq.

Maqsadlarni belgilashda migratsiya siyosatini amalga oshirishning strategik, operativ-taktik va idoraviy darajalariga ajratish kerak, ularning har biri o'z maqsadlariga ega.

1. Strategik maqsadlar (aka ramka) mamlakatning siyosiy rahbariyati tomonidan belgilanadi.

2. Operatsion va taktik maqsadlar boshqa bo'limlar bilan kelishish tartib-qoidalaridan olinadi va hukumat tomonidan (bir qator boshqarmalarning) maqsadlari sifatida tasdiqlanadi.

3. Idoraviy maqsadlar - migratsiya bo'limlarining mas'uliyat sohasi bilan bog'liq jarayonlarni boshqarish tizimini optimallashtirishga qaratilgan.

4. Migratsiya siyosatining vazifalari

Immigratsiya siyosatining asosiy vazifasi migratsiya oqimlari va migrantlar holatini tartibga solishning samarali tizimini yaratishdan iborat.

Integratsiya siyosatining maqsadi migrantlarning mahalliy hamjamiyatga muvaffaqiyatli integratsiyalashuvi uchun sharoitlarni ta'minlashdan iborat.

Naturalizatsiya siyosatining maqsadi muhojirlarga fuqarolikni berish uchun shart-sharoitlar va tartiblarni yaratishdir

Shunday qilib , biz migratsiya siyosatining asosiy toifalarini (kontseptual asoslari, mazmuni, o'ziga xos xususiyatlari, vazifaning maqsadlari) ko'rib chiqdik, ular uni ta'minlashning aniq mexanizmini ishlab chiqish uchun nazariy asos yaratadi.

Migratsiya jarayonlarini davlat tomonidan boshqarish jarayonida qabul qilingan qonunlar va oliy davlat hokimiyati organi tomonidan e'lon qilingan migratsiya siyosati amalga oshiriladi. Rivojlangan mamlakatlar tomonidan qo'llaniladigan migratsiya jarayonlarini boshqarish amaliyotida biz, ayniqsa, Evropa modelini ta'kidlashni istardik.

MIGRATIONNING DEMOGRAFIK JARAYONLARDAGI O'RNI

Insoniyat taraqqiyotining butun tarixi davomida migratsiya demografik rivojlanishning o'lim yoki tug'ilishdan kam muhim tarkibiy qismi bo'lmagan. Faqat boshida bu o'choq, g'or yoki kulba yaqinidagi ovchilik yoki yashash uchun zarur bo'lgan terimchilik doirasidagi mahalliy harakatlar edi. Keyin - IV-XIV asrlarda. migratsiya davri yoki xalqlarning Buyuk ko'chishi (german qabilalari, vengerlar, bolgarlar, turklar va boshqalar) doirasida - migratsiya bu xalqlarning rivojlanishi va keng hududlarni joylashtirishning asosiy elementiga aylandi. Buyuk geografik kashfiyotlar bu jarayonlarni boshqa yarim sharga o'tkazish imkonini berdi. XVIII-XX asrlarda. migratsiya keng ko'lamli mustamlaka jarayonlarini, sanoatlashtirish va insoniyatning shahar rivojlanishini belgilab berdi. Migratsiya sababi nima edi? Birinchi navbatda, odamlar sonining notekis o'sishi sharoitida to'plami doimiy ravishda o'zgarib turadigan tanqis resurslar uchun kurash. Shunday qilib, haqiqatda tabiiy (o'lim, tug'ilish, er-xotinning xatti-harakati) va migratsiya jarayonlari juda o'zaro bog'liqdir. Butun mamlakatlar va xalqlarning rivojlanishi nafaqat mahalliy aholining tabiiy o'sishi (kamayishi) bilan bog'liq jarayonlar, balki migratsiya bilan ham belgilanadi.

An'anaviy ravishda zamonaviy dunyoni uchta toifaga bo'lish mumkin: migratsiya tarixida [18] aholi soni va dinamikasiga kuchli ta'sir ko'rsatgan davlatlar (AQSh, Avstraliya, Yangi Zelandiya, Janubiy Afrika, Italiya, Irlandiya, Polsha, Isroil); migratsiya aholi rivojlanishiga sezilarli ta'sir ko'rsatmagan mamlakatlar (Xitoy, Hindiston, Yaponiya, Shvetsiya); nihoyat, ichki mustamlakachilik katta ahamiyatga ega bo'lgan mamlakatlar (birinchi navbatda Rossiya).

Aholi dinamikasini aniqlaydigan umumiy formula juda oddiy:

- chegaralari o'zgarmagan hududlar uchun bu aholining tabiiy va migratsiya o'sishi yig'indisiga teng (ma'lum bir vaqt ichida)

$$P tot_. = P_{yeydi.} + P_{migr.}, \quad (1)$$

bu erda $P_{jami.}$ - aholining umumiy o'sishi;

$P_{yeydi.}$ - aholining tabiiy o'sishi, $P_{migr.}$ - migratsiya aholisining

o'sishi, [19] t - vaqt davri.

- chegaralari o'zgaruvchan hududlar uchun - yuqoridagilarga qo'shimcha ravishda, chegaralarning o'zgarishi (ma'lum vaqt oralig'ida) tufayli aholining o'sishini o'z ichiga oladi.

---

[18] Gap ham immigratsiya, ham emigratsiya haqida bormoqda.

[19] O'xshash tushunchalar mavjud bo'lmagan tabiiy o'sishdan farqli o'laroq, migratsiya o'sishi ularning ko'piga ega - eng keng tarqalganlari: mexanik o'sish, migratsiya balansi, sof migratsiya, aniq migratsiya.

$$Ptot = P_{yeydi.} + P_{migr} + R_{adm}, \quad (2)$$

bu erda R_{adm} - ma'muriy bilan bog'liq o'sish hududiy o'zgarishlar.

(1) formulada tabiiy va migratsiya o'sish ko'rsatkichlarini batafsilroq aniqlash yo'lini tutib, biz quyidagilarni olamiz:

$$P_{yeydi.} = N - M, \quad (3) \quad P_{migr} = C - L, \quad (4)$$

Bu erda N - tug'ilganlar soni, M -

o'lganlar soni;

C – kelganlar soni (kelish), L –

ketishlar soni (ketish uchun).

Ya'ni, tabiiy o'sish - ma'lum vaqt t davrida tug'ilganlar va o'limlar soni o'rtasidagi farqning mutlaq qiymati; migratsiya o'sishi - bir vaqtning o'zida kelganlar va ketganlar soni o'rtasidagi farq.

Shunday qilib, biz aholining umumiy o'sishining eng to'liq formulasini olamiz:

$$Ptot = (N - M) + (C - L) \quad (5)$$

Agar biz butun dunyo aholisi haqida gapiradigan bo'lsak (yoki, masalan, Kolumbiyagacha bo'lgan Amerika haqida), unda bu aholi faqat tabiiy o'sish tufayli o'zgargan yagona holat. Boshqa barcha holatlarda, qaysi "migratsiya jihatdan yopiq" yoki kichik mamlakat deb hisoblamaylik - zamonaviy Shimoliy Koreya yoki Vanuatu - aholining umumiy o'sishi ushbu ikkala komponentga bog'liq.uchun tabiiy va migratsiya o'sishining mumkin bo'lgan kombinatsiyasi uchun quyidagi variantlar maqbuldir. Bunday vaziyatda migratsiyaning mamlakat aholisi dinamikasidagi ahamiyati nafaqat ortib boradi, balki hal qiluvchi ahamiyatga ega bo'ladi.

Biroq, migratsiyaning mamlakat aholisi sonini belgilovchi omil sifatida ahamiyati nafaqat Rossiya uchun qayd etilgan.

AQSh tarixida migratsiya bir asrdan ko'proq vaqt davomida mamlakat aholisini shakllantirishda hal qiluvchi jarayon bo'lib kelgan. 20-asrda migratsiyaning ahamiyati (allaqachon ko'p aholi mavjud bo'lganda), u kamaygan bo'lsa-da, ahamiyatliligicha qoldi (1-rasm). O'tgan asrning oxirida, so'nggi Amerika aholini ro'yxatga olish ma'lumotlariga ko'ra (04/01/2000), mamlakatda intersensal o'n yillikda misli ko'rilmagan migratsiya o'sishi kuzatildi - 8,7 million kishi. (jami o'sish 32,7 mln. kishi). AQSh aholisi bo'yicha prognozlar shuni ko'rsatadiki, tug'ilishning kamayishi, aholining qarishi va o'lim tendentsiyalari (lekin tabiiy o'sish saqlanib qolishi) sharoitida migratsiya mamlakat aholisi dinamikasining muhim tarkibiy qismi bo'lib qoladi. Aholining migratsiya o'sishi asrning birinchi yarmida taxminan 45 million kishi bo'lishi rejalashtirilgan.

Shuni unutmasligimiz kerakki, immigratsiya birlamchi (tashqaridan) tashqari, qabul qiluvchi davlatlardagi demografik vaziyatga ikkinchi darajali (ichkaridan) ham ta'sir qiladi. Shunday qilib, Shveytsariyada xorijiy oilalar barcha yangi tug'ilgan chaqaloqlarning 23% ni, Buyuk Britaniyada - 15 dan ko'prog'ini, Germaniyada - 10% dan ko'prog'ini tashkil qiladi, bu ushbu mamlakatlar aholisidagi chet elliklar ulushidan sezilarli darajada yuqoridir. immigrantlar ko'chirilgandan keyingi birinchi yillarda ularning tug'ilish darajasi mahalliy aholiga qaraganda sezilarli darajada yuqori).

Shunday qilib, xulosa qilishimiz mumkinki, birinchidan, rivojlangan mamlakatlarda migratsiya siyosati yordamida aholini depulyatsiya qilish jarayonlarini toʻxtatish mumkin boʻlsa, ikkinchidan, migratsiya yordamida aholining qarishini sekinlashtirish deyarli mumkin emas. Katta migratsiya oqimining ta'siri faqat ijobiy tarkibiy qismga ega, deb aytish mumkin emas.

afzalliklari quyidagilardan iborat:

- migratsiya siyosati tez samara berishi mumkin, tug'ilish siyosati qanchalik samarali bo'lmasin, faqat 20-25 yildan keyin (tegishli yangi kontingentlar faol mehnat yoshiga kirganida) ijtimoiy-iqtisodiy vaziyatni yaxshilashi mumkin;

- migratsiya oqimining ko'lami tug'ilish siyosatidan farqli o'laroq, jarayonlar oilaviy-shaxsiy xarakterga ega bo'lgan mamlakatlar hukumatlari tomonidan belgilangan maqsadlarga qarab tartibga solinishi mumkin;

- Immigratsiya stsenariylari, tug'ilish stsenariylaridan farqli o'laroq, oldindan belgilanmasligi mumkin, lekin tug'ilish va o'lim jarayonlarining rivojlanishidan va mamlakat aholisi oldiga qo'yilgan maqsadlardan (masalan, tug'ilishning umumiy koeffitsientining atigi 0,2 ga oshishi) kelib chiqishi mumkin. aholi sonining bir necha yuz ming kishiga kamayishini qoplash uchun Rossiyada migratsiya o'sishiga bo'lgan ehtiyojni kamaytirishi mumkin);

- iqtisodiyotning ayrim sohalarida arzonroq muhojir ishchi kuchidan foydalanish tufayli aholining iste'mol faolligini oshirish uchun shart-sharoitlar yaratilmoqda;

- bir qator rivojlangan mamlakatlarda immigratsion bolalarni boquvchi va tarbiyachilardan foydalanish ayollarni mehnatga faolroq jalb qilish imkonini beradi.

Ijtimoiy-iqtisodiy va demografik muammolarni hal qilish vositasi sifatida migratsiyaga ustunlik berishning *kamchiliklari* :

- mamlakatlar va mintaqalar aholisining alohida guruhlari o'rtasidagi etnik-madaniy masofani oshirish imkoniyati;

- ish o'rinlari uchun "insayderlar" va "autsayderlar" o'rtasidagi raqobat xavfi; etno- va migrant fobiyasining kuchayishi tahdidlari;

- shaharlarning marginallashuvining kuchayishi xavfi;

- jamiyatdagi ijtimoiy va moddiy tabaqalanishning kuchayishi xavfi.

Immigratsiyaning ijobiy va salbiy oqibatlarini har bir alohida holatda "taroziga olish" kerak - jamiyat o'z demografik siyosatining asosi sifatida undan ustun bo'lgan muvozanatni qabul qilishi kerak. Bundan tashqari, muhojirlarni qabul qilish siyosati tug'ilishni rag'batlantirish yoki erta o'limni kamaytirish siyosatiga mutlaqo zid emasligini tushunish kerak.

Migratsiyani oʻrganishda sotsiologiyaning oʻrni va oʻrni

Zamonaviy rus jamiyati ijtimoiy voqeligining ajralmas va o'ta muhim atributiga aylangan aholining migratsiya harakatchanligining ko'lami, intensivligi, yangi yo'nalishlari va shakllari migratsiya ta'sirining bevosita va uzoq muddatli oqibatlarini o'rganish zarurligini dolzarblashtiradi. mezbon jamoalardagi ijtimoiy jarayonlarning tabiati va mazmuni bo'yicha migratsiya. Mahalliy tadqiqotlarda aholi migratsiyasini o'rganishning ijtimoiy-demografik va iqtisodiy yondashuvlari samarali natijalar beradi, afsuski, statistik kuzatish imkoniyatlari cheklangan. Shuning uchun ham bu maqsadlarga erishish uchun sotsiologiya fanining metodologiyasi, nazariyasi va instrumental imkoniyatlari shoshilinch talabga aylanib bormoqda.

birinchi navbatda, ijtimoiy hayotning tashkiliy-funksional, tizimli, ijtimoiy tomonlarini, jamiyatni yaxlitlik sifatida va uning elementlarini ko'rib chiqadigan tarkibiy qismlarga bo'lish mumkin. Ikkinchidan, inson xulq-atvorini o'rganish, talqin qilish, individual faoliyat motivatsiyasiga e'tibor beradigan izohli paradigmalar aniqlanadi. Uchinchidan, ular odatda birlashtiruvchi (dialektik) paradigmalar haqida gapiradilar, bu erda ijtimoiy voqelik ob'ektiv va sub'ektiv, tarkibiy va dinamik, ijtimoiy va shaxsiy-individning birligi prizmasi orqali tahlil qilinadi (P. Sorokin, P. Burdieu, P. Uollis, P. Sztompka, E. Giddens va boshqalar).

Sotsiologiyaga iqtisodiyotdan psixologiyagacha bo'lgan turli fanlar ta'sir ko'rsatdi va bu holat uning tadqiqotining fanlararo xususiyatini ko'p jihatdan tushuntiradi. Migratsiya jarayonlarini o'rganishga sotsiologik yondashuv bir qancha ilmiy yo'nalishlarni o'z ichiga oladi, ular asosan

---

[359] Sotsiologik funksionalizm, strukturaviy-funksional tahlil, tizimli sotsiologiya, konflikt sotsiologiyasi, jumladan, marksistik sotsiologiya doirasida ishlaydi.

[193] Ijtimoiy harakatning sotsiologik nazariyasi, ramziy interaksionizm, fenomenologik sotsiologiya, etnometodologiya vakillarining asarlari.

xorijiy olimlar tomonidan ishlab chiqilgan.

Mashhur nazariyalar va tushunchalarning aksariyati birinchi turga tegishli. *Pozitivistik yondashuv* migratsiyaning ob'ektiv qonuniyatlarini ularning ijtimoiy oqibatlarini baholash va boshqaruv choralari samaradorligini aniqlash uchun ochib berish istagi bilan bog'liq. Bu yondashuvning mohiyati shundan iboratki, har bir shaxs yoki oilaning migratsiya xulq-atvori bir qator omillarga - geografik, iqtisodiy, ekologik omillarga qarab individual tanlov natijasi sifatida qaraladi. Pozitivistik yondashuv "iqtisodiy odam" (homo ekonomikus) kontseptsiyasiga asoslangan klassik iqtisodiy nazariyalarga asoslanadi. Bunday yondashuvga M.Todaro asarlarini ham tipik misol qilib keltirish mumkin. [20]Ushbu yondashuv ratsional tanlov nazariyasiga asoslanadi va migratsiya to'g'risida qaror qabul qilishda shaxslarga juda muhim rol o'ynaydi, lekin shaxsning shaxsiy tanloviga tashqi sharoitlarning ta'sirini hisobga olmaydi. Pozitivistlar migratsiya xulq-atvorining eng muhim motivini shaxs yoki oilaning o'z ahvolini yaxshilashdan, birinchi navbatda, daromadni oshirishdan manfaatdorligi deb biladilar.

Migratsiyani oʻrganish boʻyicha eng mashhur asarlardan biri V.Tomas va F.Znanetskining "Yevropa va Amerikadagi polshalik dehqon" nomli besh jildlik asaridir. *Bu ishni bixevioristik* deb tasniflash mumkin, chunki Tadqiqot predmeti - bu atrof-muhit ta'sirida bo'lgan va bu ta'sir ostida yangi xulq-atvor shakllari shakllanadigan shaxslarning xatti-harakatlari. Mualliflar shaxsning ijtimoiy hayotini moslashish jarayoni sifatida tushunganlar: "Xulq-atvor - bu atrof-muhitga moslashish, asab tizimi esa ... rivojlanayotgan moslashuvdir". [21]Emigrantlarning shaxsiy hujjatlarini tahlil qilish jarayonida olingan ma'lumotlar aniq odamlar motivatsiyasining haqiqiy dinamikasiga asoslangan ijtimoiy belgilar tipologiyasini yaratishga, shaxsning atrof-muhitga moslashish mexanizmini modellashtirishga va tavsiflovchi variantlarni taqdim etishga imkon berdi. moslashishning mumkin bo'lgan usullari. Mualliflar jamiyatni atrof-muhit va shaxs o'rtasidagi o'zaro ta'sir sifatida ko'rsatmaydi. Jamiyatda ikkita tizim aloqa qiladi, ulardan biri moslashishga majbur. Moslashuv shaxs tizimining mohiyatiga ta'sir qilmasdan, yuzaki xarakterga ega. Tuzilgan sotsiologik tipologiyalar ijtimoiy siyosatning samarali vositasi bo'lishi mumkin va bo'lishi kerak edi.

R.Park [22]va R.Makkenzi tomonidan taklif qilingan [23]*inson ekologiyasi* nazariyasi sotsiologlarning sanoatlashtirish va urbanizatsiyaning insonning

---

20Todaro M. Rivojlanayotgan mamlakatlarda ichki migratsiya: so'rov // Rivojlanayotgan mamlakatlarda aholi va iqtisodiy o'zgarishlar. /Tad. R. Easterlin. - Chikago: Chikago universiteti matbuoti. – 1980. – B.361-402.

21Tomas V., Znaniecki F. Yevropa va Amerikadagi polshalik dehqon. – Nyu-York, 1958. P.741.

22Park R. Inson ekologiyasi // Jamiyat nazariyasi. / Ed. A.F. Filippova. – M.: Kanon-Press-C, Kuchkovo Pole, 1999. – P. 384-401.

ijtimoiy xulq-atvoriga ta'siriga qiziqishi ortishi natijasida paydo bo'ldi. Inson ekologiyasi 1960-yillarda va 1970-yillarning boshlarida Amerika sotsiologiyasida juda ta'sirli bo'lib qoldi, ammo keyinchalik ahamiyati pasayib ketdi. Ko'pgina olimlar ekologlarning migratsiyani tushunishlarining ba'zi jihatlarini noaniq deb hisoblashdi. Birinchidan, migratsiya aholining ichki tuzilishi va (yoki) tashqi muhitdagi o'zgarishlarga ijtimoiy moslashuv sifatida qaralganligi sababli, migratsiya sabablarini tushuntirishni faqat aholi punktlari tizimidagi turli joylarning xususiyatlarini taqqoslash orqali topish mumkin.[24] Ikkinchidan, ba'zi olimlar moslashuvlar aktyorlar va ta'sirning o'zi ko'rinmaydigan "qora quti" deb hisoblashgan. Uchinchidan, inson ekologiyasi faqat to'rtta mavzuga: aholi, tashkilot, atrof-muhit va texnologiyaga e'tibor qaratish orqali rivojlanmaganligi uchun tanqid qilindi.[25]

Strukturaviy funksionalizm metodologiyasi migratsiyani belgilovchi ijtimoiy omillarni ularning tizimli-funksional birligida oʻrganishga qaratilgan (T.Parsons). Aholi migratsiyasi odamlar jamoalarida sodir bo'ladigan uzoq muddatli ijtimoiy o'zgarishlarga ta'sir qiladi va shu bilan barqaror ijtimoiy ahamiyatga ega funktsiyalarni bajaradi yoki disfunktsiyali holatlarni keltirib chiqaradi (E.Dyurkgeym). R.Mertonning nazariy yondashuviga muvofiq migratsiyaning ijtimoiy funktsiyalarini ham aniq va yashirin deb tasniflash mumkin.

20-asrning 70-yillari boshlarida ushbu yoʻnalish doirasida M.Kastels, M.Nikolinakos, G.Kosak va C.Kasllarning asarlari ma'lum boʻlib, ularda mualliflar qaram rivojlanish nazariyasiga asoslanib va jahon tizimlari nazariyasi, kapitalizmning notekis rivojlanishi sharoitida migratsiya jarayonini tahlil qilish va migratsiyani dunyoning barcha qismlari ko'p yo'nalishli inson oqimlari bilan bog'langan tizim sifatida ham ko'rib chiqish zarurligiga e'tibor qaratish.[26]

Muhojirlarga "G'arbiy Evropa mamlakatlarida turmush darajasini oshirishni" ta'minlash uchun mo'ljallangan "zahiradagi mehnat armiyasi" roli

---

23 MakKenzi R. Inson jamoasini o'rganishga ekologik yondashuv // Amerika sotsiologiya jurnali. – 1924. – No 30. – B.287-301.

24 Schnore L. Inson ekologiyasi haqidagi afsona sotsiologik tadqiqot // Shahar manzarasi. Nyu-York: erkin matbuot. – 1965. – No 31. – B. 128-139

25 Smit D. Yangi shahar sotsiologiyasi eskisiga mos keladi: ba'zi klassik inson ekologiyasini qayta o'qish // Shahar ishlarini ko'rib chiqish. – 1995. – No 30. – B.432-457.

26 Ixtiyoriy va majburiy harakatda: Yevroosiyodagi postsovet migratsiyalari. / Ed. A.R. Vyatkina, N.P. Kosmarskaya, S.A. Panarina. – M.: Natalis, 1999. S. 79

berilgan. Shunday qilib, sobiq xorijiy koloniyalar o'rniga yangi, ichki koloniyalar paydo bo'ladi. Demografik jarayonlar kapitalning global miqyosda to'planishi bilan ta'minlanadi va periferiyaning kapitalistik markazga bo'ysunishini davom ettiradi; "Emigratsiya mamlakatlari" tarkibiga mustamlakachi kuchlarga qaram bo'lgan va xom ashyo va oziq-ovqat bilan ta'minlash vazifasi yuklangan davlatlar kiradi. Migratsiya tufayli kapitalizm bu mamlakatlardagi vaziyatni barqarorlashtirishga muvaffaq bo'ldi, chunki ishchi kuchi eksporti ijtimoiy qo'zg'olonlarning potentsial manbasini yo'q qiladi.[27]

Assimilyatsiya nazariyasi (Gordon, [28]Handlin [29]va boshqalar) immigrantlarning kirib kelgan mamlakat jamiyatiga moslashuvining bir chiziqli jarayoni tamoyiliga asoslanadi. Assimilyatsiya nazariyasi sotsiologiyada xorijiy ozchiliklar muammolariga nisbatan qo'llaniladigan umumiy funksional paradigmaning alohida holatidir.

Tortish/surish tushunchasi (asosiy mualliflar G. Jerom, E. Li) zamonaviy migratsiya tadqiqotchilari uchun katta qiziqish uyg'otadi. Ushbu kontseptsiyaning mohiyati quyidagilardan iborat: odamlar odatdagi yashash joyini o'zgartirishni xohlashlari uchun ularni boshqa shaharlarga, viloyatlarga va mamlakatlarga ko'chib o'tishga majbur qiladigan shartlar kerak. Ushbu shartlar odatda uchta asosiy guruhga bo'linadi: surish, tortish va migratsiya yo'llari. Shu bilan birga, emigratsiya mamlakatlarida, qoida tariqasida, migratsiya harakatida hal qiluvchi omil sifatida qaraladigan "surish" omillarining roli ta'kidlanadi; immigratsiya mamlakatlarida, aksincha, xuddi shunday rol "" ga yuklanadi. jalb qiluvchi" omillar.

Chiqib ketish shaxsning o'z ona joyida qoniqarsiz yoki qiyin yashash sharoitlari bilan bog'liq. Katta xalq ommasining quvg'in qilinishi, eng avvalo, jiddiy ijtimoiy qo'zg'alishlar (millatlararo nizolar, diktatura, urushlar), iqtisodiy inqirozlar, tabiiy ofatlar (zilzilalar, suv toshqinlari va boshqalar) bilan bog'liq. Individual migratsiya holatida, mansabdagi muvaffaqiyatsizlik, qarindoshlarning o'limi, yolg'izlik va boshqalarni itarish kuchi bo'lishi mumkin.

Attraktsion - bu jozibali xususiyatlar yoki boshqa joylarda yashash sharoitlari to'plami. Ikki mintaqada mavjud bo'lishning ijtimoiy, iqtisodiy yoki siyosiy sharoitlari qanchalik katta bo'lsa, tortishish kuchi ta'sirida sharoiti

---

27Shanin T. Sayohat qiluvchi dehqonlar va mehnat muhojirlari //
<http://ruralworlds.msses.ru/classical/peasant/part2.html>

28Gordon MM Amerikada assimilyatsiya: nazariya va haqiqat // Etnik omil
Amerika siyosati.- Kolumb, 1970 yil

29Handlin O. Amerika hayotida irq va millat. - Englvud Gliffs, 1957 yil.

yaxshi bo'lgan hududlarga migratsiya ehtimoli shunchalik yuqori bo'ladi. Migratsiya yo'llari [30]migrantning boshqa mintaqaga kirish imkoniyati, kirishda to'siqlarning mavjudligi yoki yo'qligi, ma'lumot, moliyaviy va lingvistik imkoniyatlarni o'z ichiga oladi. Migratsiya jarayonini tahlil qilishning ushbu standart G'arb modeli mahalliy tadqiqotlarda, asosan, yangi yoki qo'shni mamlakatlardan kelgan odamlarning migratsiyasiga ta'sir qiluvchi omillarni o'rganishda qo'llaniladi.[31]

Ikkinchi turga, masalan, migratsiya muammolarini hal qilish uchun oddiygina sonini hisobga olishning o'zi yetarli bo'lmaganda paydo bo'ladigan va rivojlanadigan *etnosotsiologik yondashuv* (K.Devis, Y.Arutyunyan, L.Drobizheva va boshqalar) kiradi. Migrantlar va ularning tarkibi, shaxsiy xususiyatlari va munosabatlari, agar odamlarning migratsiya xulq-atvoriga nafaqat ularning shaxsiy xohish-istaklari, balki ular mansub bo'lgan ijtimoiy guruhlar, shuningdek, referent guruhlari ham ta'sir qilishini hisobga olish kerak. ular tomonidan boshqariladigan normalar.[32]

Etnosotsiologik yo'nalish madaniyatning atrofdagi tabiiy va ijtimoiy muhitga moslashishning kollektiv usuli sifatida kontseptsiyasiga asoslanadi va ishlab chiquvchilarning fikriga ko'ra, migratsiya mexanizmlarini tushunishning yangi, chuqurroq darajasini ifodalaydi. xalqning tarixiy an'analarini, shu jumladan oldingi migratsiya tajribasini aks ettiruvchi an'analarni hisobga olish. Shuni ta'kidlash kerakki, bu yo'nalish ko'pincha tarixiy yondashuvga kiradi, shu bilan birga u etnografik yondashuv bilan chambarchas bog'liqdir.[33]

Ijtimoiy harakat nazariyasi o'zining "tushunishi" (M.Veber), tizimli-strukturaviy (T.Parsons) an'analari va *fenomenologik* (A.Shuts, P. Berger, T.Lukman) va etnometodologik (G.Garfinkel) ko'proq zamonaviy tushunchalarida.) ijtimoiy voqelikni talqin qilish sifatli usullardan samarali foydalangan holda "joy - migrantlar" aloqalari sharoitida ijtimoiy o'zaro ta'sirning turli modellarini ishlab chiqishga imkon beradi.

30Migrantning bir geografik joydan ikkinchisiga bevosita harakatlanishining xususiyatlari.

31Nemeryuk E. E. Migratsiya zamonaviy rus jamiyatida ijtimoiy harakatchanlikning bir turi sifatida (nazariy va uslubiy jihat). Sotsiologiya fanlari nomzodi ilmiy darajasini olish uchun dissertatsiya avtoreferati. - Saratov, 2000 yil.

32Iontsev V.A. Aholi migratsiyasini o'rganishga sotsiologik yondashuvlar.

33Arutyunyan Yu.V., Drobizheva L.M., Susokolov A.A. Etnosotsiologiya. – M.: AspectPress, 1999 yil

Devis K., Mur V. Tabakalanishning ba'zi tamoyillari // Ijtimoiy tabaqalanish.

jild. IM, 1992 yil

Sotsiologik yondashuvlarning uchinchi turiga, birinchidan, *migratsiya aloqalari tizimi (tarmoqlar) yoki "migratsiya zanjiri" nazariyasi kiradi* . G'arbda va mamlakatimizda keng ma'lum bo'lgan ijtimoiy kapital tushunchasi tarmoq nazariyasi bilan bevosita bog'liq . Iqtisodchi Glenn Louri [34]ijtimoiy kapital tushunchasini yoshlarning ijtimoiy rivojlanishiga hissa qo'shadigan oilalar va jamoalardagi nomoddiy resurslar to'plamini aniqlash uchun qo'llagan, ammo sotsiolog Per Burdieu [35]nazariyaning insoniyat jamiyati uchun yanada kengroq aloqadorligini ta'kidladi.

Ijtimoiy kapital nazariyasining tarmoq gipotezasi shundan iboratki, hozirgi yoki o'tmishdagi muhojirlar bilan ijtimoiy bog'langan odamlar ijtimoiy kapitaldan foydalanish imkoniyatiga ega bo'lib, bu ularning o'zlari migrant bo'lish ehtimolini sezilarli darajada oshiradi. Ushbu taxminning tushuntirishlari va yangi formulalar ko'plab ishlarda yaxshi ochib berilgan.

D. Massey. [377] *Migratsiya tarmoqlari* ostida muhojirlarni, sobiq muhojirlarni va muhojir bo'lmaganlarni bir-biri bilan qarindoshlik, do'stlik va umumiy ijtimoiy kelib chiqish munosabatlari orqali bog'laydigan shaxslararo aloqalar majmuasini nazarda tutadi. [36]Tarmoq ulanishlari migratsiya ehtimolini oshiradi, chunki harakat narxi va xavfini kamaytirish va migratsiyadan kutilayotgan daromadni oshirish. Migratsiya qilgan odam bilan aloqada bo'lish ijtimoiy kapitalni oshiradi, bu odamlar moliyaviy kapitalga, masalan, chet eldagi yuqori maoshga ega bo'lish uchun foydalanishi mumkin. Natijada, ma'lum bir tanqidiy chegaradan o'tib, ijtimoiy migratsiya tuzilmasi migratsiya jarayonini avtonom tarzda qo'llab-quvvatlaydi.

Ijtimoiy o'zgarishlarning yana bir nazariyasi (J. SHchepanski, P. Sztompka) migratsiya jarayonlarini ijtimoiy voqelikning atributi sifatida,

---

34Loury G. Irqiy daromad farqlarining dinamik nazariyasi // Ayollar, ozchiliklar va bandlikdagi kamsitish. /Tahrirlar. P. Uolles, A. LaMond. - Lexington, Mass: DC Health & Company. – 1977. – B. 153-186.

35Ta'lim sotsiologiyasi nazariyasi va tadqiqotlari bo'yicha qo'llanma. // Kapitalning shakllari. /Tahrirlar. P. Bourdieu, J. Richardson. – Nyu-York: Greenwood Press, – 1986. – P. 241-258. [377] Massey D. va boshqalar. Xalqaro migratsiya nazariyalari: ko'rib chiqish va baholash// Aholi va rivojlanish sharhi. – 1993. – jild. 19. – No 2. – B. 431-466.; Massey D. Ijtimoiy tuzilma, uy xo'jaligi strategiyalari va migratsiyaning kümülatif sabablari // Aholi indeksi. – 1990. – No 56. – B.3-26.; Massey D., Arango J, Hugo G, Kouaouchi A., Pellegrino A, Teylor J.

Harakatdagi dunyolar: ming yillik oxiridagi xalqaro migratsiya. – Oksford: Klarendon, 1998 yil; Palloni A., Massey D. va boshqalar. Ijtimoiy kapital va xalqaro migratsiya: oilaviy tarmoqlardagi ma'lumotlardan foydalangan holda test // Amerika sotsiologiya jurnali. - Chikago. – 2001 yil mart – No 106. – P.1262-1298.

36Palloni A., Massey D. va boshqalar. Ijtimoiy kapital va xalqaro migratsiya: oilaviy tarmoqlardagi ma'lumotlardan foydalangan holda test // Amerika sotsiologiya jurnali. - Chikago. – Mart 2001. – No 106. – P.1262-1298.

ijtimoiy-funksional va sotsial-strukturaviy xarakterdagi o'zgarishlarga olib keladigan ijtimoiy o'zaro ta'sirlarning bir hil silsilasi sifatida qarashga asos beradi. Shunday qilib, migratsiyaning ijtimoiy funktsiyalarini o'rganish va to'liqroq talqin qilish.

Rossiyada T.I. rahbarligida tuzilgan sotsiologlar jamoasining tadqiqotlaridan boshlab migratsiya sotsiologik usullar bilan o'rganila boshlandi. Zaslavskaya. Ushbu tadqiqotlarning ustuvor yo'nalishi Sibir qishloq aholisining shaharlarga migratsiyasini tahlil qilish edi. Barcha ishlar tizimli yondashishga asoslandi, shu bilan birga sotsiologiya fanining nazariy, uslubiy va metodologik masalalarini ishlab chiqish amalga oshirildi. [37]Aholining migratsiya xulq-atvorini o'rganish yashash joyini o'zgartirish bo'yicha qaror qabul qilish mexanizmiga nafaqat ob'ektiv, balki sub'ektiv omillarni ham kiritish imkonini berdi. T.I. Zaslavskaya migratsiya sabablari nafaqat ishlab chiqarishni rivojlantirish naqshlarida, balki odamlarning ehtiyojlari, qiziqishlari va intilishlarining o'zgarishi bilan bog'liqligini ta'kidladi; Migratsiya munosabatlarining shakllanishi, bir tomondan, tashqi sharoitlar va rag'batlantirishlar ta'sirida, ikkinchidan, shaxsning o'ziga xos xususiyatlari tufayli sodir bo'ladi.[38]

20-asrning 80-yillari oxirida Rybakovskiy L.L. va Zaslavskaya T.I. uch bosqichli migratsiya jarayoni nazariyasi ishlab chiqildi . [39]Shuni ta'kidlash kerakki, ushbu kontseptsiyaning asoslari Rossiyada migratsiyani o'rganishning inqilobdan oldingi davrida qo'yilgan; I.L.ni g'oyalarning asoschilari deb hisoblash mumkin. Yamzin va V.P. Voshchinina. [40]Bu nazariyaga ko'ra, aholi migratsiyasi ikki ko'p yo'nalishli oqimlardan: aholining kelishi va ketishidan iborat murakkab jarayon bo'lib, o'zaro bog'langan uchta bosqichni o'z ichiga oladi. Dastlabki bosqich - aholining hududiy harakatchanligini shakllantirish va migratsiya to'g'risida qaror qabul qilish jarayoni, asosiy bosqich - ko'chirishning haqiqiy jarayoni, migrantlarning yangi yashash joyiga yakuniy moslashishi (moslashuvi). [41]Rossiya tadqiqotlarida migratsiya xulq-atvori nazariyasini ishlab chiqish muhim o'rin tutdi, [384] bu aholining turli ijtimoiy-demografik va

---

37Qishloqni tizimli o'rganish metodikasi va texnikasi. - Novosibirsk: Fan, 1969 yil.

38Qishloq aholisining migratsiyasi. – M., 1970. B. 28

39Rybakovskiy L.L. Aholi migratsiyasi: prognozlar, omillar, siyosat. - M.: Nauka, 1987 yil.

40Yamzin I.L., Voschinin V.P. Mustamlakachilik va migratsiya doktrinasi. – M.; L., 1926 yil.

41Aholi migratsiyasi. 1-masala: Tadqiqot nazariyasi va amaliyoti. / Ed. O.D. Vorobyova. "Rossiyadagi migratsiya" jurnaliga qo'shimcha. – M., 2001. P. 12, 16 [384] Rybakovskiy L.L. Aholi migratsiyasi: prognozlar, omillar, siyosat. – M.: Nauka, 1987.

hududiy guruhlari migratsiya xulq-atvorining xususiyatlarini tizimli o'rganish uchun uslubiy asoslarni shakllantirishga imkon berdi.[42]

Nihoyat, zamonaviy sotsiologik tahlil metodologiyasida hayotiy kuchlar, individual va ijtimoiy subyektivlik nazariyasi tobora rivojlanib bormoqda . [43]Ushbu nazariya doirasida migratsiya ijtimoiy makon va hayotiy kuchlarning o'zaro ta'siri natijasi bo'lib, buning natijasida yangi ehtiyojlar shakllanadi, bu esa o'z navbatida shaxsning individual va ijtimoiy sub'ektivligini faollashtiradi, shuningdek, uni amalga oshirish vositasidir. hayotiy kuchlarni amalga oshirish uchun optimal ijtimoiy makon o'zlashtiriladi.

Hozirgi vaqtda migratsiya nazariyalari va ilmiy yondashuvlarning butun majmuasi mavjud, hatto migratsiya hodisasini tushuntirish uchun qo'shimcha nazariyalarga ehtiyoj yo'q degan fikr mavjud. Rossiyada migratsiyani o'rganish ko'pincha intizomiy chegaralarda amalga oshirildi, bu yondashuvning natijasi olingan bilimlarning ma'lum bir parchalanishi edi. Albatta, bu ma'lum darajada tushunarli, chunki migratsiya jarayonlari faqat bitta ilmiy nazariya nuqtai nazaridan ishonchli tushuntirish olish uchun juda xilma-xil va ko'p omilli.

Yaqin o'tmishda sotsiologiyaning yangi tarmog'i - *migratsiya sotsiologiyasining shakllanishiga oid ishlar paydo bo'la boshladi*, unda migratsiya "maxsus" ijtimoiy jarayon sifatida qaraladi. Migratsiya sotsiologiyasini sotsiologik bilimlarning nisbatan mustaqil tarmog'i sifatida ko'rish mumkin, uning ob'ekti migratsiya jarayoni ijtimoiy-geografik harakatda ishtirok etuvchi aholining ijtimoiy o'zaro ta'siri, predmeti esa ob'ektiv va o'zgarishlar dinamikasi hisoblanadi. eski va yangi jamiyat doirasida ko'chirilganlarning ijtimoiy munosabatlarining sub'ektiv tomonlari. [44]Sotsiologik ma'noda migrantlar - bu a'zolari o'zlarini yangi yashash joyidagi xatti-harakatlarning ajralmas sub'ektlari sifatida qabul qiladigan va guruhli birdamlik tuyg'usiga ega bo'lgan ijtimoiy guruhlar. Migratsiya

---

42 Rybakovskiy L.L., Shapiro V.D. Demografik xulq-atvorni sotsiologik o'rganish metodologiyasi: Migratsiya xulq-atvori. - M.: ISI AN SSSR, 1985 yil.

1-son.

43 Bu fikr birinchi marta 60-yillarning oxiri va 70-yillarning boshlarida Oltoy o'lkasida migratsiya jarayonlarini o'rganish jarayonida paydo bo'lgan. Keyin olimlar mintaqani tark etganlar boshqalardan ko'ra yomonroq yashaganlar va hatto yashash joyida qarindoshlari bo'lmaganlar emas, balki sezilarli moddiy va asosan pul resurslariga ega bo'lganlar ekanligini aniqladilar. Haqiqiy migratsiya xatti-harakati migratsiya rejalari va munosabatlaridan farq qildi. Grigoryev S.I. Vitalistik sotsiologiya: hozirgi va kelajak paradigmasi. - Barnaul: ABC, 2001 yil

Grigoryev S.I., Demina L.D., Rastov Yu.E. Inson hayotiy kuchlari. - Barnaul, 1996 yil.

44 Yudina T.N. Migratsiya sotsiologiyasi. M., 2004. B. 90

sotsiologiyasining predmet sohasi jamiyatning migratsiya jarayonlari sub'ektlarining yashash joyini o'zgartirish natijasida ijtimoiy manfaatlarini amalga oshirish orqali bevosita hayotini takror ishlab chiqarish ijtimoiy funktsiyasi bilan uzviy bog'liqdir.

Migratsiyani haqiqiy sotsiologik o'rganish sohasi juda keng. U quyidagi sohalar bilan tavsiflanadi:

- turli ijtimoiy guruhlardagi aholining migratsiya harakatchanligi;

- shaxs yoki guruhning hududiy harakatining ularning yangi yashash joyidagi ijtimoiy mavqeiga ta'siri (kasbning o'zgarishi, ijtimoiy mavqei, roli funktsiyalari);

- migratsiya harakatchanligi ijtimoiy kelib chiqishi, ma'lumoti, ijtimoiy mavqei va millati bilan qanday belgilanishini o'lchovi;

- shaxsiy munosabatlar dinamikasi, potentsial muhojirlarning ongi va xatti-harakatlaridagi imtiyozlar; eski va yangi ijtimoiy muhit va referent guruhlarning individlar va ijtimoiy guruhlarning migratsiya xulq-atvoriga ta'siri;

- yashash joyining o'zgarishi munosabati bilan shaxslar va ijtimoiy guruhlarning manfaatlari, umidlari va ularning haqiqatda tasdiqlanishi;

- migratsiya jarayonlarining o'ziga xos naqshlari;

- migratsiya xulq-atvorining umumiy va maxsus xususiyatlari, ularni tartibga solishning ijtimoiy mexanizmlari;

- ijtimoiy va etnosotsial integratsiya va muhojirlarning yangi jamiyatga moslashishi (aborigenlar tilining rivojlanish tendentsiyalari va qo'llanilishi, immigratsion muhitda nikohlar, turli ijtimoiy-etnik guruhlarda diasporalarning shakllanishi, migrantlarning o'zini o'zi identifikatsiya qilish, shu jumladan immigrantlarning milliy, madaniy va etnik-madaniy rivojlanishining mumkin bo'lgan yo'llari);

- migrantlarning siyosiy imtiyozlari va ularning siyosiy pozitsiyasi; millatchilik muammolari, konfliktlarning ijtimoiy va ijtimoiy-psixologik asoslari.

Bugungi kunda migratsiyani o'rganishda umuman ijtimoiy fanlarga, xususan, sotsiologiyaga siljish borligi allaqachon ko'rinib turibdi. Bu boradagi ishlar ancha faol. Sotsiologlarning migratsiyaga bo'lgan qiziqishi ortib bormoqda, bu ko'plab tadqiqotlardan dalolat beradi; turdosh fanlar vakillari ham migratsiya jarayonlarining murakkabligi va noaniqligini va ularning zamonaviy dunyo uchun oqibatlarini bilgan holda, shaxslarning roli ortib borayotganini ta'kidlaydigan sotsiologiyaga katta umid bog'laydilar. yangi ijtimoiy tuzilmalar va jarayonlarning shakllanishi va rivojlanishida. Shunday qilib, sotsiologiya fanining bir qator metodologik tamoyillari va nazariy yondashuvlari aholining migratsiya harakatchanligining ijtimoiy amaliyotini instrumental tahlil qilish uchun boy, ammo sotsiologik tadqiqotlarda amalga oshirilmagan resursni o'z ichiga oladi.

3. Migratsiyani o'rganishning sotsiologik usullari. Tadqiqot dasturini ishlab chiqish.

Sotsiologik tadqiqot dasturi muayyan hodisa yoki jarayonni o'rganishga qaratilgan metodologik yondashuvlar va metodologik usullarning har tomonlama nazariy asoslanishidir. Sotsiologik tadqiqot dasturi odatda quyidagi masalalarning nisbatan batafsil, aniq va to'liq taqdim etilishini o'z ichiga oladi: *uslubiy qism* – muammoni shakllantirish va asoslash, maqsadni ko'rsatish, tadqiqot ob'ekti va predmetini aniqlash, asosiy tushunchalarni mantiqiy tahlil qilish; gipotezalar va tadqiqot maqsadlarini shakllantirish; *uslubiy qism* - so'roq qilinayotgan aholining ta'rifi, birlamchi sotsiologik ma'lumotlarni to'plashda qo'llaniladigan usullarning xususiyatlari, ushbu ma'lumotlarni to'plash vositalarining mantiqiy tuzilishi, uni kompyuterda qayta ishlashning mantiqiy sxemalari.

Migratsiya muammolarini o'rganish jarayonida sotsiologik ma'lumotlarga bo'lgan ehtiyoj, qoida tariqasida, ularning holatini to'liqroq bilish zarurati yoki ularni hal qilish yo'llari va vositalarini aniqlash istagi tufayli yuzaga keladi.

Ijtimoiy sub'ektlarning munosabatlarida namoyon bo'ladigan yoki ularning manfaatlariga yoki umuman jamiyat manfaatlariga ta'sir qiluvchi qarama-qarshi vaziyat, qondirilmagan ijtimoiy ehtiyoj odatda ijtimoiy muammo deb *ataladi* . Sotsiologiyada ijtimoiy muammolarni tasniflashda beshta yondashuv mavjud.

Tadqiqot maqsadiga ko'ra gnoseologik (mantiqiy-kognitiv) va substantiv xarakterdagi muammolar ajratiladi . Gnoseologik muammolar - bu boshqaruv funktsiyasi nuqtai nazaridan muhim bo'lgan ijtimoiy hodisalar yoki jarayonlarning holati va o'zgarishlar tendentsiyalari to'g'risida bilim etishmasligidan kelib chiqadigan muammolar. Masalan, migrantlar uchun ish topishning qiyinligi ko'pincha ularda ma'lum bir mintaqadagi mehnat bozorini tavsiflovchi ma'lumotlarning etishmasligi bilan bog'liq va uni migrantlardan olish muayyan qiyinchiliklarni keltirib chiqarganligi sababli, tegishli muammolar paydo bo'ladi.

Mavzu muammolari odatda aholining u yoki bu guruhi, ijtimoiy institutlar manfaatlarining to'qnashuvi natijasida yuzaga keladigan, ularni harakatga undaydigan, hayotini beqarorlashtiradigan qarama-qarshiliklar deb ataladi. Ushbu muammoning tipik misoli - turli boshqaruv darajalarida hududiy aholi harakati jarayonlarini boshqarish qoidalarining nomuvofiqligi tufayli federal va mintaqaviy migratsiya xizmatlari o'rtasidagi qarama-qarshiliklar. Yana bir misol - jamiyatdagi turli ijtimoiy guruhlar, masalan, qochqinlar va har bir xalq o'z hududida yashashi kerak, deb hisoblaydigan va yashash sharoitlarini hisobga olmaydigan mezbon hududlar mahalliy aholisining ma'lum bir qismi o'rtasidagi kelishmovchiliklar. odamlarni chet eldan boshpana izlashga majbur qilish.

Migratsiya jarayonlarini o'rganishda sotsiologik tadqiqotlar ko'pincha amaliy maqsadni ko'zlaydi, chunki u, birinchi navbatda, migratsiya siyosati samaradorligini oshirishi mumkin bo'lgan tavsiyalar ishlab chiqish, boshqaruv qarorlarini tayyorlash va qabul qilish, muammolarni hal qilishning aniq usullarini taklif qilish uchun ma'lumot berishga mo'ljallangan. muammo (masalan, Rossiya Federatsiyasi hududida majburiy migratsiya bilan bog'liq muammolarni tizimli tahlil qilish va migratsiya oqimlarini tartibga solish bo'yicha tavsiyalar ishlab chiqish).

Masalan, Rossiyadagi majburiy migrantlarning etnik-ijtimoiy va etnik-madaniy muammolarini o'rganishga qaratilgan ilmiy-tadqiqot dasturini ishlab chiqishda zamonaviy Rossiyada majburiy migratsiyaning etnosotsial va etnik-madaniy jihatlarini tizimli tahlil qilishni maqsad qilib qo'yish mumkin. postsovet hududida migratsiya oqimlarini tartibga solish, shuningdek Rossiya Federatsiyasi hududida majburiy migrantlarning muvaffaqiyatli yashashi uchun moslashish dasturlarini yaratish va joriy etish bo'yicha tavsiyalar. Shunday qilib, sotsiologik tadqiqotlar dastlab migratsiya siyosati samaradorligini kuchaytirish uchun zaxiralarni aniqlash va uning texnologik jihatlarini tahlil qilishga qaratilgan.

Keng ma'noda *sotsiologik tadqiqot ob'ekti muayyan ijtimoiy muammoning tashuvchisi hisoblanadi*. Masalan, migratsiya harakati bilan bog'liq qarama-qarshiliklar haqida gapirganda, biz doimo mavhum muammolarni emas, balki ma'lum bir toifadagi odamlarning muammolarini nazarda tutamiz: migrantlar, mahalliy aholi, ma'lum bir mintaqa hokimiyati vakillari va boshqalar. Ularning barchasi muammoning tashuvchisi bo'lishi mumkin (ya'ni, ularning manfaatlari migratsiya harakati tufayli ziddiyatli) va shuning uchun tadqiqot ob'ekti bo'lishi mumkin.

Ob'ektning aniq identifikatsiyasi *tadqiqot predmetini to'g'ri aniqlashga yordam beradi* - ob'ektning o'rganilayotgan muammoni to'liq ifodalaydigan (unda yashirin ziddiyat) va o'rganilishi kerak bo'lgan tomonlari va xususiyatlari. Ya'ni, sotsiologik tadqiqot predmeti muammo va tadqiqot ob'ekti o'rtasidagi munosabatlarning konsentrlangan ifodasi sifatida namoyon bo'ladi.

Majburiy migratsiyani ijtimoiy-madaniy qarama-qarshiliklar prizmasidan oʻrganishga qaratilgan tadqiqot mavzusiga qaytadigan boʻlsak, tadqiqot predmetini majburiy migratsiyaning etnosotsial va etnomadaniy muammolari, shuningdek, uning namoyon boʻlishining mintaqaviy xususiyatlari va rivojlanish tendensiyalari sifatida belgilash mumkin.

Asosiy tushunchalarni mantiqiy tahlil qilish bir qator shunday uslubiy protseduralarni amalga oshirishni o'z ichiga oladi, ularsiz sotsiologik tadqiqotning yagona kontseptsiyasini amalga oshirish va shuning uchun uning maqsad va vazifalarini amalga oshirish mumkin emas.

Tadqiqotning kontseptual doirasiga kiritilgan *tushunchalarning nazariy, empirik va operativ talqinlari* mavjud . Nazariy talqin tadqiqotning qoʻllab-quvvatlovchi, asosiy tushunchalarini aniqlash bilan bogʻliq boʻlib, u yoki bu taʼrifga kiritilgan maʼnoni aniq belgilash, ijtimoiy hodisa va jarayonlarni tavsiflovchi tushunchalarni talqin qilishning koʻpligi yoki noaniqligini bartaraf etish uchun moʻljallangan.

Empirik talqin - empirik ko'rsatkichlar tizimini aniqlash tartibi (real ob'ektni bevosita kuzatish va tahlil qilish paytida barqaror aniqlangan belgilar va xususiyatlar). Masalan, "migrant shaxsining motivatsion tuzilishi" nazariy kontseptsiyasining mohiyatini migratsiyaga barqaror eʼtibor, sub'ektning (migrantning) ham uning xususiyatlaridan xabardorlik darajasi kabi empirik koʻrsatkichlar tizimi orqali ochib berish mumkin. migratsiya jarayonining o'zi va yangi joyda yashash sharoitlari, sub'ektning migratsiya bilan bog'liq bo'lgan bahosi, ijtimoiy mavqeidagi o'zgarishlar, ushbu sub'ektning intellektual salohiyati, qobiliyatlari va manfaatlarini yanada o'zini-o'zi amalga oshirish imkoniyatlari, uning muloqot ehtiyojlari; shuningdek, kelgan hududdagi ijtimoiy-siyosiy va ijtimoiy-iqtisodiy sharoitlar kabi ob'ektiv komponentlar.

Operatsion talqin *(operatsionlashtirish)* - bu operatsiyalar majmui bo'lib, ular yordamida tadqiqotda qo'llaniladigan tushunchalar ularning mazmunini birgalikda tavsiflay oladigan tarkibiy elementlarga bo'linadi, bu sizga ma'lumot to'plash va tahlil qilishning eng mos usullarini tanlash imkonini beradi.

Aytaylik, biz majburiy migratsiya muammolarini o'rganamiz va ular bilan bog'liq asosiy tushunchalarni tahlil qilamiz. Tahlilning birinchi bosqichida ularni migrantlarning o'zlari muammolariga va qabul qiluvchi tomonning muammolariga bo'lish mumkin, ya'ni. mahalliy aholi va qabul qiluvchi davlatning davlat hokimiyati organlari. Biz ushbu guruhlarning har birini o'z navbatida quyidagilarga ajratamiz: iqtisodiy, ijtimoiy, siyosiy, madaniy va ma'naviy muammolar. Ushbu ta'kidlangan tushunchalarni yanada tushuntirish orqali biz tadqiqot predmetining alohida tomonlari (elementlari) mohiyatini aniqlashga "bosqichma-bosqich" yaqinlashamiz. (Masalan, majburiy migrantlarning iqtisodiy muammolari uy-joy, ish, ijtimoiy nafaqalar va boshqalar bilan bog'liq muammolarni o'z ichiga oladi. Mahalliy aholining madaniy va ma'naviy muammolari guruhiga tashrif buyuruvchilarning madaniy va diniy an'analari, urf-odatlari va xatti-harakatlari normalarining mavjudligi kiradi. va boshqalar)

Asosiy tushunchalarni mantiqiy tahlil qilish va sotsiologik tadqiqot turi o'rtasida yaqin bog'liqlik mavjud - rejalashtirilgan tadqiqot turi qanchalik murakkab bo'lsa, asosiy tushunchalarni mantiqiy tahlil qilish strukturasi shunchalik sig'imli va tarmoqli bo'ladi. Ba'zan operatsionizatsiya natijasini grafik tarzda tasvirlash tavsiya etiladi, bu sizga tahlil darajalarini va muammoning murakkabligini tasavvur qilish imkonini beradi.

Tahlilning chuqurligidan kelib chiqib, izlanish, tavsif va analitik tadqiqotlar farqlanadi . Intellektual tadqiqotlar minimal metodik vositalar va moddiy resurslardan foydalangan holda dastlabki tavsiflash uchun kam o'rganilgan ijtimoiy ob'ektlarga nisbatan qo'llaniladi. Ta'riflash usullari ijtimoiy ob'ektning tuzilishi, faoliyati, modeli va uning tipologik xususiyatlari haqida yaxlit tizim ma'lumotlarini olishga qaratilgan kengroq muammolarni hal qiladi.

Analitik tadqiqot sotsiologik bilimlarning eng murakkab turidir; ularning maqsadi nafaqat ob'ektning umumiy tavsifi, balki uning tuzilishi va faoliyatidagi qarama-qarshiliklarning paydo bo'lish sabablari, rivojlanish yo'llari va istiqbollarini belgilab beradi. Analitik tadqiqotlarda operativizatsiya nafaqat o'rganilayotgan hodisaning tuzilishini o'rganish, balki uning holatining mohiyatini belgilaydigan taxminiy sabablarni aniqlash uchun mo'ljallangan. Masalan, "majburiy migratsiya" tushunchasini faktoriy operativlashtirishni amalga oshirish orqali ushbu jarayonga ta'sir etuvchi ikkala ob'ektiv omillarni (masalan, ishsizlik, millat, siyosiy, diniy va boshqa e'tiqodlarga asoslangan zulm va boshqalar) aniqlash mumkin. sub'ektiv xususiyatlar (oilalarning birlashishi, boshqa mintaqada ta'lim olish istagi va boshqalar).

Shunday qilib , asosiy tushunchalarni tahlil qilish birlamchi ijtimoiy ma'lumotlarni to'plash uchun barcha vositalar to'plamini yaratish mantig'iga bevosita ta'sir qiladi va keyinchalik sotsiologik tadqiqotlar natijalarini to'g'ri tushuntirishga yordam beradi.

Tadqiqot maqsadlari uning maqsadi va farazlariga muvofiq shakllantiriladi. Tadqiqotning asosiy vazifalari uning markaziy savoliga javob topishni o'z ichiga oladi: o'rganilayotgan muammoni hal qilishning yo'llari va usullari qanday? Misol uchun, agar tadqiqotning maqsadi mintaqaning migratsiya xizmati samaradorligi darajasini aniqlash bo'lsa, asosiy gipotezaga ko'ra, ushbu sohani izchil takomillashtirishni belgilovchi omillarni izlash asosiy vazifa bo'lishi mumkin. migratsiya siyosati.

4. Miqdoriy va sifat yondoshuvlari

migratsiya tadqiqotiga

Miqdoriy usullar umumiy qonuniyatlarga qaratiladi, ularda takrorlanuvchi yoki umumiy xususiyatlar alohida holatlarning murakkab majmuasidan kelib chiqadi. Shunday qilib, sifatli usullardan farqli o'laroq, tadqiqot mavzusidagi individual va maxsus va vaziyat hisobga olinmaydi. Sifatli usullardan foydalanganda, biz, asosan, qiziqishning ijtimoiy voqelik sohalariga xos bo'lgan ijtimoiy jarayonlarning dinamikasini qamrab olish, tarkibiy tavsiflash va tushuntirish haqida gapiramiz, ya'ni. tadqiqot mavzusida individual va maxsus haqida.

Sifat va miqdoriy usullar bir-birini to'ldirishi kerak, chunki miqdoriy va sifat usullarining kombinatsiyasi tadqiqotga hodisaning kengligini (ijtimoiy tarqalishni), masalan, ishsizlikni, ijtimoiy, shu jumladan migratsiya harakatchanligini va boshqalarni va chuqurligini qamrab olishga imkon beradi. masalan, individual tajribalar), shuningdek, ijtimoiy siyosatning u yoki bu turini amalga oshiruvchi tegishli organlar vakillarining oldini olish yoki faol aralashuvi bo'yicha amaliy qadamlarni belgilab beradi.

Miqdoriy usullar. So'rov ma'lumot to'plash usuli sifatida eng keng tarqalgan va ommabop hisoblanadi, bundan tashqari, sotsiologik tadqiqot ushbu usul bilan bog'liq. Albatta, bu mutlaqo to'g'ri emas, lekin so'rovning bir qator kuchli tomonlari bor, ular orasida shuni ta'kidlash kerakki, u qisqa vaqt ichida rasmiylashtiriladigan ma'lumotlarni katta hajmlarda olish imkonini beradi, shu bilan birga nisbiy xarajatlar foydalanishga qaraganda ancha past. boshqa usullar. [45]So'rov tadqiqotchining ma'lum bir aholi guruhiga (respondentlarga) savollar bilan og'zaki yoki yozma murojaat qilish, olingan javoblarni keyinchalik ro'yxatdan o'tkazish va statistik qayta ishlash, shuningdek, ularni to'g'ridan-to'g'ri yoki bilvosita to'plash usuli sifatida belgilanishi mumkin. nazariy talqin.

Bu usul, to'g'ri ehtiyot choralari ko'rilsa, keng doiradagi mavzular bo'yicha ishonchli ma'lumotlarni taqdim etishi mumkin. Buni amalga oshirish uchun siz aniq nimani so'rashni, qanday so'rashni, qanday savollarni berishni va nihoyat, siz olgan javoblarga ishonishingiz mumkinligiga ishonch hosil qilishingiz kerak. Kimdan so'rash, qayerda gaplashish, ma'lumotlarni qanday qayta ishlash va bularning barchasini so'rovga murojaat qilmasdan bilib olish mumkinmi yoki yo'qmi kabi boshqa shartlarni qo'shib, biz ko'proq yoki kamroq to'liq tasavvurga ega bo'lamiz. bu usulning imkoniyatlari.

So'rov usullari juda xilma-xildir. Ma'lum so'rovlar bilan bir qatorda ular intervyu, pochta, telefon, matbuot, ekspert va boshqa so'rovlar shaklida ifodalanadi. Ammo, umuman olganda, so'rov usullarining ikkita katta sinfini ajratish mumkin: intervyu va anketa.

Suhbat - bu ma'lum bir rejaga muvofiq olib boriladigan suhbat bo'lib, suhbatdosh va respondent (intervyu oluvchi) o'rtasida to'g'ridan-to'g'ri aloqani o'z ichiga oladi va ikkinchisining javoblari suhbatdosh (uning yordamchisi) tomonidan yoki mexanik ravishda (lentaga) yozib olinadi. Bu usul ba'zi hollarda anketadan ko'ra afzalroqdir.

Suhbatning klassik shakli - bu guruh texnikasi deb ataladigan bo'lib, suhbatdosh kichik guruhning har bir a'zosiga (20-30 kishi) murojaat qilganda, ko'pincha ushbu turdagi so'rov davomida olingan ma'lumotlarni aniqlashtirish uchun qo'shimcha tadqiqot usuli sifatida foydalaniladi. ommaviy (so'rovnoma) so'rovi.[46]

Intervyuning ko'p turlari mavjud. Suhbat mazmunidan kelib chiqib, hujjatli intervyular (o'tmishdagi voqealarni o'rganish, faktlarni aniqlash) va fikr-mulohazalar intervyulari o'rtasida farqlanadi, ularning maqsadi baholar, qarashlar, hukmlarni aniqlashdir; Mutaxassislar bilan suhbatlar ajralib turadi.

---

45 Agabekyan R.L., Kirichenko M.M., Usatikov S.V. Sotsiologiyada matematik usullar. Empirik tadqiqotlarda ma'lumotlarni tahlil qilish va xulosa chiqarish mantig'i: Universitetlar uchun darslik. – Rostov-na-Donu: Feniks, 2005. 34-bet

46 Sikevich Z.V. Sotsiologik tadqiqotlar: amaliy qo'llanma. - Sankt-Peterburg:

Piter, 2005. S. 88

Bepul, standartlashtirilmagan va *rasmiylashtirilgan* (shuningdek, *yarim standartlashtirilgan*) intervyularni o'tkazish texnikasida sezilarli farqlar mavjud. *Bepul* intervyular - bu savollarni qat'iy batafsil bayon qilmasdan, lekin umumiy dasturga muvofiq ("intervyu qo'llanmasi") uzoq suhbat (bir necha soat). Bunday suhbatlar shakllantiruvchi tadqiqot loyihasining kashfiyot bosqichida mos keladi. *Standartlashtirilgan* intervyu, rasmiylashtirilgan kuzatish kabi, suhbatning umumiy rejasini, savollarning ketma-ketligi va dizaynini, shuningdek, mumkin bo'lgan javob variantlarini o'z ichiga olgan barcha protsedurani batafsil ishlab chiqishni o'z ichiga oladi.

Jarayonning o'ziga xos xususiyatlariga ko'ra, suhbat intensiv (klinik", ya'ni chuqur, ba'zan soatlab davom etadigan) bo'lishi mumkin va suhbatdoshning nisbatan tor reaktsiyalarini aniqlashga qaratilgan.

Yo'naltirilmagan intervyular "terapevtik " xususiyatga ega. Bu erda suhbatning borishi tashabbusi respondentning o'ziga tegishli, intervyu unga faqat "jonini to'kishga" yordam beradi.

Hikoya suhbati - intervyu beruvchi tomonidan boshqariladigan bepul hikoya, hayot haqidagi hikoya. Bunday rivoyat matni sifat jihatidan tahlil qilinadi.

Suhbatning har bir turi bir marta yoki panelda (ma'lum vaqt oralig'ida qayta-qayta) va shaxslararo (suhbatdosh-respondent), shaxsiy-guruh va guruh-guruh shaklida o'tkazilishi mumkin.

Nihoyat, tashkil etish uslubiga ko'ra, biz *guruh* va *individual* suhbatlarni ko'rsatishimiz mumkin. Birinchisi, rejalashtirilgan suhbat bo'lib, uning davomida tadqiqotchi guruhda muhokamani qo'zg'atishga intiladi. Nisbatan yaqinda "fokus-guruhlar" da kvazi-intervyu usullari bizning amaliyotimizda mashhur bo'la boshladi. Asosan, intervyu oluvchi bu yerda berilgan muammo (masalan, bozor iqtisodiyotiga o'tish yoki amaliy bozor tadqiqotida ma'lum mahsulot sifati) bo'yicha guruh muhokamasining tashabbuskori ham, rahbari ham rolini bajaradi.

Telefon suhbatlari fikrlarni tezda tekshirish uchun ishlatiladi. Bu, qoida tariqasida, bir shahar yoki boshqa joylarda qo'llaniladigan so'rov va intervyuning o'ziga xos sintezidir.

Anketa so'rovi savollarning qat'iy belgilangan tartibini, mazmuni va shaklini, javob berish usullarining aniq ko'rsatilishini nazarda tutadi va ular respondent tomonidan o'zi bilan (yozuv so'rovi) yoki anketa ishtirokida (to'g'ridan-to'g'ri so'rov) ro'yxatga olinadi.

Anketa so'rovlari, birinchi navbatda, berilgan savollarning mazmuni va dizayni bo'yicha tasniflanadi. Respondentlar erkin shaklda o'z fikrlarini bildirganda ochiq so'rovlar o'tkaziladi, yopiq so'rovnomada esa barcha javob variantlari oldindan taqdim etiladi. Yarim yopiq anketalar ikkala protsedurani birlashtiradi. *Tekshiruv* yoki *ekspress so'rov* jamoatchilik fikrini o'rganishda qo'llaniladi va faqat 3-4 asosiy ma'lumotni va respondentlarning demografik va ijtimoiy xususiyatlari bilan bog'liq bir nechta fikrlarni o'z ichiga oladi. *Pochta orqali so'rov joyida o'tkazilgan so'rovdan* farq qiladi : birinchi holda, so'rovnoma oldindan to'langan pochta orqali qaytarilishi kutilmoqda, ikkinchisida, so'rovnoma anketaning o'zi tomonidan to'planadi.

Guruh so'rovi individual so'rovdan farq qiladi. Birinchi holda, bir vaqtning o'zida 30-40 kishigacha so'rov o'tkaziladi: tadqiqotchi respondentlarni yig'adi, ularga ko'rsatma beradi va anketalarni to'ldirishni qoldiradi, ikkinchisida u har bir respondentga alohida murojaat qiladi. " *Tarqatish* " so'rovini tashkil etish, jumladan, yashash joyi bo'yicha so'rovlar, masalan, bizning va xorijiy amaliyotda ham keng qo'llaniladigan matbuot orqali so'rovlarga qaraganda ko'proq mehnat talab qiladi.

Press-savol davriy nashrlar orqali o'tkaziladigan so'rov turidir. Nihoyat, so'rovnomalarni tasniflashda so'rovlar mavzusiga oid ko'plab mezonlar ham qo'llaniladi: voqealar so'rovnomalari, qiymat yo'nalishlari va fikrlarini aniqlash uchun anketalar, statistik so'rovnomalar (aholi ro'yxatida), kunlik vaqt byudjeti vaqtlari va boshqalar.

So'rovlarni o'tkazishda shuni unutmasligimiz kerakki, ularning yordami bilan tebranishlarga, so'rov shartlarining ta'siriga va boshqa holatlarga duch keladigan sub'ektiv fikrlar va baholar aniqlanadi. Ushbu omillar bilan bog'liq ma'lumotlarning buzilishini minimallashtirish uchun qisqa vaqt ichida har qanday so'rov usullarini qo'llash kerak.

Biz intervyu yoki so'rovnomaga murojaat qilganimizdan qat'i nazar, ma'lumotlarning ishonchliligi bilan bog'liq muammolarning aksariyati ular uchun umumiy bo'lib tuyuladi.

Birlamchi sotsiologik ma'lumotlarni to'plash usullari orasida maxsus sotsiologik bo'lmagan usullar mavjud. Bunday usullarga *ijtimoiy tajriba* va *kuzatish kiradi*. Kuzatish - bu kundalik hayotda bo'lgani kabi tabiatshunoslikda ham keng qo'llaniladigan umumiy ilmiy usul bo'lib, uni ijtimoiy hayotni o'rganishda qo'llash juda ko'p mehnat talab qiladi. Kuzatish - **bu** o'rganilayotgan ob'ektni maqsadli, tizimli, ma'lum bir tarzda idrok etish usuli.

Biroq, kuzatish ilmiy bo'lishi uchun bir qator tadqiqot jarayonlarini amalga oshirish kerak.

Jadval 1.

Kuzatishlar tasnifi (Grigoryev va Devyatko bo'yicha)[1]

Tasniflash asoslari	Kuzatish turlari
Rasmiylashtirish darajasiga ko'ra	- tuzilgan (nazorat qilinadi, rejaga muvofiq amalga oshiriladi); - tuzilmagan (nazorat qilinmaydi, faqat kuzatish ob'ekti aniqlanadi).
Kuzatuvchining pozitsiyasiga ko'ra	- kiritilgan (sotsiolog o'rganilayotgan jamiyatga kiradi, uning faoliyat sohasida ishtirok etadi); -jamiyatga jalb qilinmagan (guruh a'zolari bilan aloqa qilmasdan, jamiyatni tashqaridan kuzatish).
Tashkilotning joyi va shartlariga ko'ra	- maydon (tabiiy sharoitda, haqiqiy hayotiy vaziyatda o'tkaziladi); - laboratoriya (ob'ekt sun'iy, maxsus yaratilgan sharoitlarda joylashgan).
Muntazamlikka ko'ra	- tizimli (harakatlarni muntazam qayd etish); - tasodifiy.

Kuzatishning bir qator o'ziga xos xususiyatlarini qayd etish kerak. Kuzatishning birinchi xususiyati - kuzatuvchi va kuzatish ob'ekti o'rtasidagi bog'liqlikning o'ziga xosligi. Ikkinchi xususiyat - kuzatilayotgan hodisalarni sub'ektiv baholashdan qochishning mumkin emasligi. Uchinchisi esa, ijtimoiy hayot va uning tarkibiy qismlarining tez o'zgaruvchanligi tufayli takroriy kuzatishning qiyinligi. Shu sabablarga ko'ra, kuzatish kamdan-kam hollarda ma'lumot to'plashning asosiy usuli hisoblanadi, u ko'pincha boshqa usullar bilan birgalikda qo'llaniladi.

Tajribaning juda muhim ijobiy tomoni bor : eksperimental vaziyatda tadqiqotchining o'zi hodisalarni nazorat qiladi va ularning o'zaro ta'sirini aniqlay oladi. Eksperiment - tadqiqotchini qiziqtirgan o'zgaruvchiga bitta omil (yoki bir nechta omillar) ta'sirini eksperimental o'rganish. [2]Tajriba davomida olingan ma'lumotlar tushuntirish ma'nosidan ko'ra tavsiflovchi emas, chunki o'rganilayotgan hodisaning xususiyatlari o'rtasidagi sabab-oqibat munosabatlarini ochib beradi va shuning uchun ayniqsa qimmatlidir.

---

[1]Grigoryev S.I. (Tahr.) Sotsiologik bilimlar asoslari. 2, 3-qism. – Barnaul, 1995 yil
Devyatko I.F. Sotsiologik tadqiqot usullari. – M., 2002 yil
[2]Devyatko I.F. Sotsiologik tadqiqot usullari - Ekaterinburg: Ural nashriyoti. Univ., 1998. B.57

www.ingramcontent.com/pod-product-compliance
Lightning Source LLC
LaVergne TN
LVHW080354070526
838199LV00059B/3811